Hans Fenske

Der Anfang vom Ende des alten Europa

Hans Fenske

Der Anfang vom Ende des alten Europa

Die alliierte Verweigerung von Friedensgesprächen

1914-1919

OLZOG

**Bibliografische Information
der Deutschen Nationalbibliothek**
Die Deutsche Nationalbibliothek verzeichnet diese
Publikation in derDeutschen Nationalbibliografie;
detaillierte bibliografische Daten sind
im Internet über http://dnb.d-nb.de abrufbar.

ISBN 978-3-7892-8348-2
© **2013 Olzog Verlag GmbH, München**
Internet: http://www.olzog.de

Umschlagentwurf: Atelier Versen, Bad Aibling
Korrektorat: Christina Brock M. A., München
Satz: EDV-Fotosatz Huber/Verlagsservice G. Pfeifer, Germering
Druck- und Bindearbeiten: CPI – Ebner & Spiegel, Ulm
Printed in Germany

Inhalt

Inhalt

Vorwort

Wer im Frühjahr 1914 gesagt hätte, dass Europa vor schwersten Erschütterungen stehe, die sich innerhalb von nur drei Jahrzehnten in zwei großen und etlichen kleineren Kriegen entladen, weite Landstriche verwüsten und Abermillionen Menschenleben fordern würden, wer dargelegt hätte, dass mancher Thron stürzen, die politische Landkarte Europas und andernorts ein gänzlich anderes Gesicht erhalten und Europa seine Weltstellung verlieren werde, der wäre auf ungläubiges Erstaunen gestoßen, und man hätte beruhigend auf ihn eingeredet. Aber im Juli 1914 trat Europa in eine Ära ein, in der sich innerhalb eines Menschenalters eben dies vollzog.

Dieser Zeitraum war von einer Ereignisdichte, wie ihn die Geschichte niemals zuvor gesehen hatte. Die Jahre von 1914 bis 1945 werden in der Geschichtsschreibung seit Langem mit guten Gründen als Zeit der Weltkriege zusammengefasst. Manchem ist das offenbar zu nüchtern, und so wurden denn plastischere und einprägsamere Bezeichnungen vorgeschlagen. Der amerikanische Publizist und Politiker Patrick J. Buchanan etwa sprach vor wenigen Jahren in seinem Buch über Churchill und das Ende des britischen Weltreiches von einem „Großen Bürgerkrieg des Westens" und alternativ von einem „Dreißigjährigen Krieg der abendländischen Zivilisation".

Beide Formeln sind griffig, ob sie aber angemessen sind, stehe dahin. Bürgerkriege sind innerstaatliche bewaffnete Auseinandersetzungen. Sie gab es in dem hier zur Diskussion stehenden Zeitraum auch, und der in Russland von 1917 bis 1922 sowie der in Spanien von 1936 bis 1939 waren sehr blutig und grausam. Aber ihr Gepräge erhielt die Zeit doch durch das Ringen von Staatengruppen in den beiden Weltkriegen. Auch das Wort von einem zweiten „Dreißigjährigen Krieg" weckt Bedenken. Was zwischen 1618 und 1648 in Mitteleuropa geschah, war kein einziger und ununterbrochener Krieg, sondern eine Folge verschiedener Kriege mit zwei Friedensschlüssen 1629 und 1635, aber diese Kriege folgten doch sehr dicht aufeinander, und die Konstellation der Gegner änderte sich dabei kaum. Auf der einen Seite standen der Kaiser, die katholischen Stände und Spanien, auf der anderen protestantische Staaten, die zunächst vom katholischen ,allerchristlichsten König' Frankreichs finanziell unterstützt wurden, ehe Frankreich 1635 auch direkt in den Krieg eintrat. Nur in der ersten Phase hatte die Religionsfrage erhebliches Gewicht, bald wurde die Auseinandersetzung zum Ringen von Großmächten. Zu ihnen gehörte damals auch Schweden, das seit 1630 am Kriege beteiligt war. Mit voller Berechtigung wurde seit 1648 von dem Dreißigjährigen Krieg gesprochen. Ganz anders sah es dagegen in der ersten Hälfte des 20. Jahrhunderts aus. Während der Erste Weltkrieg noch andauerte, begann der Bürgerkrieg in Russland. 1919 und 1920 wurden in Ost- und Südosteuropa bewaffnete Auseinandersetzungen zwischen den Nachfolgestaaten der Donaumonarchie um die Grenzziehung ausgetragen, und Polen suchte sein Territorium durch mehrere Feldzüge zu erweitern. Sehr blutig war der von Griechenland in Kleinasien gegen die Türken zur Erkämpfung eines Großgriechenland geführte Krieg. Die vielfältigen Kämpfe im Raum der drei Mächte, die den Ersten Weltkrieg nicht überlebten, des Zarenreiches, der Donaumonarchie und des Osmanischen Reiches, hörten Ende 1922 auf. Bis zum Beginn des Zweiten Weltkriegs verstrichen sechzehn Jahre und acht Monate, in denen in Europa kein zwischenstaatlicher Krieg geführt wurde. Angesichts dessen ist es nicht angezeigt, für die Spanne von 1914 bis 1945 von einem zweiten Dreißigjährigen Krieg zu sprechen.

Das Gegenteil von Krieg – und ihm unbestreitbar vorzuziehen – ist Frieden. Nachdem es 1914 zum Zusammenprall der Großmächte gekommen war, suchten nur die Mittelmächte, Deutschland und Österreich-Ungarn, nach Möglichkeiten, den Krieg durch Verständigung mit der Gegenseite zu beenden. Die Alliierten verweigerten dagegen jedes Gespräch über einen Friedensschluss. Diese beharrliche Ablehnung eines Ausgleichs, dieses Setzen auf einen Sieg ohne jede Kompromissbereitschaft, war die erste entscheidende Weichenstellung in der Epoche der Weltkriege, es war der Anfang vom Ende des alten Europa. Der Untergang vollzog sich schrittweise, und es musste nicht zwingend dazu kommen. Hätten sich die Alliierten auf das Friedensangebot der Mittelmächte vom Dezember 1916 oder das wenig spätere Vermittlungsangebot des amerikanischen Präsidenten eingelassen, so wäre ein weitaus gerechteres Friedenswerk zustande gekommen als das von 1919/20. Auch wäre vermutlich das Zarenreich nicht zusammengebrochen, mithin Russland nicht zu einer bolschewistischen Diktatur geworden, sondern auf Reformkurs gegangen. Und nach der Niederlage der Mittelmächte 1918 wäre es für die Friedenssicherung dienlich gewesen, wenn die Siegermächte den Frieden nicht nur untereinander ausgehandelt, sondern sich mit den Besiegten an einen Tisch gesetzt und ihre Argumente und Vorschläge angehört und bedacht hätten. Das Friedenswerk wäre dann sehr viel gerechter und tragfähiger geworden.

Vor allem in der amerikanischen Delegation löste der Deutschland vorzulegende Vertragstext, als er endlich gedruckt war und im Zusammenhang gelesen werden konnte, Bedenken aus. Präsident Wilson sagte zu dem Mitglied seiner Delegation Ray S. Baker, er würde den Vertrag nicht unterschreiben, wenn er ein Deutscher wäre. Baker hielt den Vertrag für ein Instrument der Rache, und Außenminister Robert Lansing empfand ihn als unsagbar hart und demütigend für Deutschland und meinte, er werde Kriege eher hervorrufen als verhindern. Der französische Außenminister der Jahre 1914 und 1915, Théophile Delcassé, sagte im Oktober 1914 zum russischen Botschafter Iswolski, sein Ziel sei es, das Werk Bismarcks, das Deutsche Reich, zu zerschlagen. Ob das gelingen würde, war zu jenem Zeitpunkt allerdings höchst zweifelhaft, die französische Regierung hatte sich nach Bordeaux zurückgezogen, da die deutschen Truppen Paris bedenklich nahegekommen waren. Bei der Ratifikation des Versailler Vertrags durch die Kammer der Deputierten 1919 verweigerte Delcassé seine Zustimmung. Einem Journalisten sagte er, die vorgesehenen hohen und über einen langen Zeitraum von Deutschland zu erbringenden Leistungen und Entschädigungszahlungen wirkten so, als wolle man die Deutschen dazu zwingen, einen neuen Krieg zu beginnen. Die Reparationsfrage hatte ab 1929 entscheidenden Anteil daran, dass die NSDAP zu einer Massenpartei wurde und Hitler damit die Möglichkeit erhielt, das Amt des Reichskanzlers für sich zu fordern. Aber nicht an ihr entzündete sich der neue große Krieg, wie Delcassé befürchtet hatte, sondern an der Stellung Danzigs und an den mit der 1919 vorgenommenen Grenzziehung zwischen Deutschland und Polen verbundenen Problemen. Der Zweite Weltkrieg erwuchs so aus der Regelung, gegen die sich der britische Premierminister David Lloyd George im März 1919 in seinem Memorandum von Fontainebleau entschieden gewandt und die er dabei als wahrscheinlichen Ausgangspunkt eines neuen Krieges im Osten Europas bezeichnet hatte.

Hätten die alliierten Spitzenpolitiker im Jahre 1919 bei ihren Beratungen über den Friedensvertrag die Auswirkungen ihrer Entscheidungen sorgsamer bedacht, so hätte die Entwicklung Europas nach 1919 einen anderen Verlauf genommen.

Die vorliegende Studie wurde erstmals unter dem Titel „Das Deutsche Reich und die Frage des Friedens 1914–1919" veröffentlicht, in einer Sammlung von Aufsätzen des Verfassers zu den Jahren 1914 bis 1945, die die Hambach-Gesellschaft für historische Forschung und politische Bildung in Neustadt an der Weinstraße ihm anlässlich seines damaligen Geburtstages gewidmet hat. Dem Olzog Verlag bin ich sehr dafür verbunden, sie in sein Programm aufgenommen zu haben.

Speyer, im März 2013   Hans Fenske

Zur Frage der Kriegsschuld

Unter den 440 Artikeln des am 28. Juni 1919 in Versailles unterzeichneten und nach der Hinterlegung der Ratifikationsurkunden am 10. Januar 1920 in Kraft getretenen Friedensvertrags zwischen dem Deutschen Reich und den Alliierten und assoziierten Mächten löste keiner in Deutschland so viel Empörung aus wie der Art. 231, der „Deutschland und seine Verbündeten als Urheber aller Verluste und Schäden" bezeichnete, „welche die alliierten und assoziierten Regierungen und ihre Angehörigen infolge des ihnen durch den Angriff Deutschlands und seiner Verbündeten aufgezwungenen Krieges erlitten haben."[1] Als Ministerpräsident Bauer namens der Reichsregierung am 22. Juni den Siegermächten die Bereitschaft zur Unterzeichnung des Friedensvertrags aussprach, stellte er ausdrücklich fest, Deutschland lege „weiterhin den größten Nachdruck auf die Erklärung", dass es den Art. 231, „der von Deutschland fordert, sich als alleinigen Urheber des Krieges zu beken-

---

1 Vollständiger Druck des Versailler Vertrags in französischer und deutscher Sprache: Gesetz über den Friedensschluß zwischen Deutschland und den alliierten und assoziierten Mächten vom 16. Juli 1919, in: Reichsgesetzblatt 1919, Nr. 140, S. 687–1349, deutscher Text in: Wippermann, Karl / Purlitz, Friedrich: Deutscher Geschichtskalender. Der Europäische Krieg in aktenmäßiger Darstellung. Ergänzungsband: Vom Waffenstillstand zum Frieden von Versailles. Oktober 1918 – Juni 1919, Leipzig 1919, Anhang (nach S. 683), S. 2–166. Mit geringen Auslassungen in: Versailles 1919. Aus der Sicht von Zeitzeugen. München 2002, S. 112–357. Aus der sehr umfangreichen Literatur seien genannt: Kolb, Eberhard: Der Frieden von Versailles. München 2005; Gunzenhäuser, Max: Die Pariser Friedenskonferenz 1919 und die Friedensverträge 1919–20: Literaturbericht und Bibliographie. Frankfurt a. M. 1970; Krumeich, Gerd (Hg.): Versailles 1919. Ziele – Wirkung – Wahrnehmung. Essen 2001; Rößler, Hellmuth (Hg.): Ideologie und Machtpolitik 1919. Plan und Werk der Pariser Friedenskonferenzen 1919. Göttingen 1966

nen, nicht annehmen kann und durch seine Unterschrift nicht deckt."[2] Die Verbandsmächte wiesen diesen Vorbehalt unverzüglich zurück und erinnerten daran, dass bis zum Ablauf des für die Unterzeichnung gesetzten Termins weniger als 24 Stunden verblieben seien. Also leistete das Reich die ultimativ geforderte Unterschrift, aber keine der deutschen Regierungen in der Weimarer Zeit nahm zu Art. 231, der in der deutschen öffentlichen Diskussion sogleich als Kriegsschuldlüge qualifiziert wurde, einen anderen Standpunkt ein als die Regierung Bauer. Nachdem der Reichstag im August 1924 die zur Regelung der Reparationsfrage nötigen Gesetze verabschiedet hatte, erklärte das Kabinett Marx, in dem Gustav Stresemann für die Außenpolitik zuständig war, es könne und wolle diesen bedeutenden Augenblick nicht vorübergehen lassen, ohne in der Kriegsschuldfrage, die seit 1919 mit schwerem Druck auf der Seele des deutschen Volkes laste, klar und unzweideutig darzulegen, die „uns durch den Versailler Vertrag unter dem Druck übermächtiger Gewalt auferlegte Feststellung, daß Deutschland den Weltkrieg durch seinen Angriff entfesselt habe", widerspreche „den Tatsachen der Geschichte. Die Reichsregierung erklärt daher, daß sie die Festlegung nicht anerkennt." Es sei eine gerechte Forderung des deutschen Volkes, von der Bürde dieser Anklage befreit zu werden. „Solange das nicht geschehen ist, und solange ein Mitglied der Völkergemeinschaft zum Verbrecher an der Menschheit gestempelt wird, kann die wahre Verständigung und Versöhnung zwischen den Völkern nicht vollendet werden."[3] Die Siegermächte lehnten die Entgegennahme dieser Note ab.

In der von Philip Kerr, einem jüngeren britischen Diplomaten, verfassten Mantelnote vom 16. Juli 1919 zur Antwort der Siegermächte auf die deutschen Gegenvorschläge wurde der Krieg „als das größte Verbrechen gegen die Menschheit und gegen die Freiheit der Völker" bezeichnet, „welche eine sich für zivilisiert ausgebende Nation jemals mit Bewußtsein begangen hat". Die Regierungen Deutschlands hätten, so

---

2 Hohlfeld, Johannes (Hg.): Dokumente der Deutschen Politik und Geschichte von 1848 bis zur Gegenwart, Bd. 3: Die Weimarer Republik, S. 34
3 Huber, Ernst Rudolf (Hg.): Dokumente zur deutschen Verfassungsgeschichte, Bd. 4: 1919–1933. Stuttgart ³1991, S. 413

hieß es weiter, während langer Jahre getreu der preußischen Tradition die Vorherrschaft in Europa angestrebt und danach getrachtet, „ein unterjochtes Europa zu beherrschen und zu tyrannisieren", Gewalt immer vor Recht gesetzt, unablässig die Rüstung ausgedehnt, sich bemüht, zwischen den Nationen Feindschaft und Argwohn zu säen und durch Gewaltandrohungen den Kontinent in einem Zustand der Gärung zu erhalten. Als „sie festgestellt hatten, daß ihre Nachbarn entschlossen waren, ihren anmaßenden Plänen Widerstand zu leisten, da haben sie beschlossen, ihre Vorherrschaft mit Gewalt zu begründen. Sobald ihre Vorbereitungen beendet waren, haben sie einen in Abhängigkeit gehaltenen Bundesgenossen dazu ermuntert, Serbien innerhalb achtundvierzig Stunden den Krieg zu erklären", im Bewusstsein, dass dieser Krieg nicht lokalisiert werden konnte und den allgemeinen Krieg entfesseln würde. „Um diesen Krieg doppelt sicher zu machen, haben sie sich jedem Versuch der Versöhnung und Beratung entzogen, bis es zu spät war, und der Weltkrieg ist unvermeidlich geworden, jener Weltkrieg, den sie angezettelt hatten, und für den Deutschland allein unter den Nationen vorbereitet und ausgerüstet war."[4]

Fast genau 18 Jahre später, am 29. Juni 1937, bewertete der Autor dieses hasserfüllten Textes, Lord Lothian, in einem Vortrag in London die Dinge inzwischen nüchterner und sagte, die These von der Alleinschuld Deutschlands könne niemand mehr aufrechterhalten, der die Vorgeschichte des Weltkrieges ernsthaft studiert habe. Er betonte aber, dass das Deutsche Reich „wegen des Flottenwettbewerbs mit England" und seiner Neigung zur Gewaltdiplomatie in stärkerem Maße als jeder andere Staat für den Krieg verantwortlich sei.[5] Diese Argumentation zeigt, dass seine Beschäftigung mit dem Thema nicht sehr tief greifend war. Gelehrte aus neutralen Staaten urteilten schon bald nach dem Krieg ganz anders. Der Schweizer Ernst Sauerbeck, ein auf breitem Felde tätiger Wissenschaftler mit dem Schwerpunkt bei der Geschichtsphilosophie,

---

4 Schwabe, Klaus (Hg.): Quellen zum Friedensschluß von Versailles. Darmstadt 1997, S. 357–369, Zitate S. 358
5 Berber, Fritz (Hg.): Das Diktat von Versailles. Entstehung – Inhalt – Zerfall. Eine Darstellung in Dokumenten. Essen 1939, S. 1224–1226.

kam in einem von 1916 bis Anfang 1919 geschriebenen, auf der Auswertung aller damals gedruckt vorliegenden Materialien beruhenden umfangreichen Buch zu einem eindeutigen Befund: „Es trifft ... die Entente die Schuld, diesen Krieg ohne Not entfesselt zu haben, es trifft sie ... die weitere und schwerere Schuld, ihn zu dem gemacht zu haben, was er – wieder ohne Not! – geworden ist: zum Grab ganzer Völker" – es waren während des Krieges mindestens zehn Millionen Gefallene zu beklagen, und dazu kamen wohl über eine Million tote Zivilisten. Als dritte und größte Schuld lastete Sauerbeck den Siegern den Friedensschluss an. Ihn bewertete er als das schlimmste Unheil, das der Welt drohte: „Ein Gewaltfriede, wie man ihn sich rücksichtsloser wohl in keinem Lager je geträumt hat, folgte auf den Kampf der Gewalt."[6] Der amerikanische Senator Robert L. Owen stellte 1920 dem niederländischen Politiker und Rechtsgelehrten Alexander von Savornin Lohman, einem Mitglied des Haager Schiedsgerichtshofs, zwei Fragen, ob nämlich die Friedensverträge sich auf die Voraussetzung gründeten, dass eine der beiden vor 1914 bestehenden Machtgruppen die alleinige Verantwortung für den Krieg trage, und ob eine solche Sichtweise mit den jetzt bekannten Tatsachen übereinstimme. Savornin bejahte die erste und verneinte die zweite Frage und urteilte: „Die Friedensverträge von Versailles und St. Germain haben die Schuld am Kriege den Zentralmächten zugeschoben. Das hat eine Sache, die an sich schon ungerecht war, noch schlimmer gemacht. Damit haben die Sieger versucht, auch dem Rechtsbewusstsein Gewalt anzutun."[7]

In Oslo bestand seit dem Frühjahr 1918 eine mit norwegischen Wissenschaftlern besetzte Kommission zur Untersuchung der Kriegsschuldfrage. Ihrem Sekretär Hermann Harris Aall stellte Owen seine eben zitierten Fragen Ende 1925, ebenso dem Landeskomitee zur Erforschung der Kriegsursachen in der Schweiz und einzelnen Persönlichkeiten in den

---

6 Sauerbeck, Ernst: Der Kriegsausbruch. Eine Darstellung von neutraler Seite an Hand des Aktenmaterials. Stuttgart, Berlin 1919, S. 679 und S. V
7 Neutrale Komitees und Gelehrte über die Kriegsschuld. Antworten auf zwei Fragen des Senators Robert L. Owen, USA. Deutsche Ausgabe, Oslo 1927, S. IV

Niederlanden, in Schweden und in Finnland, überwiegend Juristen. Die erste Frage wurde einhellig bejaht, die zweite von der großen Mehrheit der 19 Befragten verneint, nur zwei sahen sich für eine Antwort nicht als kompetent an. Am dezidiertesten äußerte sich Axel C. Drolsum, Oberbibliothekar an der Universität Oslo. Er hielt für gegeben, „daß Deutschland 1914 als die einzige Macht sich ehrlich und nach allen Kräften unaufhörlich für den Frieden bemüht hat. Seine Friedensbestrebungen scheiterten an dem Kriegswillen der anderen Mächte."[8] Insgesamt schloss er sich dem Gutachten von Aall an. Dessen Votum ist eine umfangreiche Studie – auf 400 Druckseiten werden die Mächtebeziehungen von der Bildung der englisch-französischen Entente bis zum Sommer 1914 untersucht. Aall nannte das Zarenreich den agent provocateur für den Krieg und maß England den entscheidenden Einfluss auf die Entwicklung bei, die 1914 zur Katastrophe führte. Die alliierte Haltung zur Schuldfrage bewertete er als „unvereinbar mit elementaren Grundsätzen der Gerechtigkeit", die Friedensverträge mit Deutschland und Österreich waren für ihn „eine einzige Kette von Völkerrechtsverletzungen."[9] Alle eben erwähnten Voten erschienen 1927 in einem von der Neutralen Kommission Norwegens herausgegebenen stattlichen Band in mehreren Sprachen.

Der Zusammenstoß der europäischen Mächte 1914 erwuchs aus den Problemen auf dem Balkan. Zu Beginn des 20. Jahrhunderts besaß das Osmanische Reich dort noch ausgedehnte Territorien mit mehr als fünf Millionen Einwohnern: Griechen, Bulgaren, Albanern, Serben und in Konstantinopel und seinem Umland Türken. Bosnien und Herzegowina und der südlich anschließende Sandschak Novibazar mit zusammen gut 1,5 Millionen Einwohnern gehörten nominell zum Reich des Sultans, aber Erstere hatte der Berliner Kongress 1878 der Donaumonarchie zur Verwaltung zugewiesen, in Letzterem herrschte seitdem das Besatzungsrecht. Serbien war ein Kleinstaat mit einer Bevölkerung von etwa 2,3 Millionen Menschen, das kleine Montenegro zählte nur ein Zehntel dessen, ebenfalls Serben. Griechenland kam Serbien etwa gleich, und

---

8 Ebd., S. 430 f.
9 Ebd., S. 75

Bulgarien war nicht viel gewichtiger. Sowohl Österreich-Ungarn wie auch Russland waren zunächst an der Wahrung des Status quo auf dem Balkan interessiert, aber das Zarenreich änderte seine Balkanpolitik nach der schweren Niederlage, die es im Kriege mit Japan 1904/05 erlitten hatte, und sah sich als leitende Macht in der Region. Die kleinen Balkanstaaten strebten nach Vergrößerung. Dabei konnten sie sich der Förderung durch Russland sicher sein. Am unruhigsten war Serbien. Dort war seit dem blutigen von Hauptmann Dimitrijević (Apis) angeführten Putsch im Juni 1903 die Radikale Partei die bestimmende Kraft. Sie wollte ein Großserbien. Dieses Ziel konnte nur auf Kosten der Donaumonarchie erreicht werden, lebten doch innerhalb deren Grenzen und in Bosnien-Herzegowina ziemlich genau zwei Drittel aller Serben und der mit ihnen eng verwandten Kroaten und Bosniaken. Das Interesse galt aber auch türkischem Territorium. Als Österreich-Ungarn 1908 Bosnien-Herzegowina annektierte, entstand eine schwere, vor allem von Serbien geschürte Krise, die zeitweilig zu einem großen Krieg zu werden drohte. Russland, das als Gegenleistung für die Zustimmung zur Annexion durch Österreich-Ungarn dessen entschiedenes Eintreten für seine Schifffahrtsinteressen in den Meerengen erbeten hatte, diese Erwartungen aber nicht erfüllt sah, stand ganz auf der Seite Serbiens. Als die Krise beigelegt wurde, musste sich Serbien am 31. März 1909 verpflichten, „den bisherigen Kurs seiner Politik gegenüber Österreich-Ungarn zu ändern, um mit der genannten Macht künftig im Verhältnis guter Nachbarschaft zu leben."[10] Die Zusage blieb auf dem Papier, kaum jemand in Belgrad war bereit, den großserbischen Traum aufzugeben. So wurde die Propagandatätigkeit im Süden des Habsburgerreiches fortgesetzt. Aus dem von Russland diplomatisch geförderten Streben der Balkanstaaten nach Expansion auf Kosten der Türkei ergab sich der Erste Balkankrieg 1912/13, der dem Osmanischen Reich erhebliche territoriale Verluste zumutete. Wegen der Teilung der Beute gerieten die Sieger in Streit. Im Zweiten Balkankrieg stand Bulgarien gegen Serbien, Griechenland und Rumänien; und auch die Türkei zog erneut gegen Bulgarien ins Feld. Wieder kam es zu einer schweren internationalen Krise. Österreich-

---

10 Zit. nach Sauerbeck, Kriegsausbruch, S. 34 (31.3.1909)

Ungarn wollte Serbien den auch von Russland gewünschten Zugang zur Adria nicht zugestehen. Ebenso war die Abgrenzung des neuen Staates Albanien strittig. Für die Entschärfung der Situation sorgten, wie schon 1908/09, Deutschland und England; das Reich zog dadurch Unmut in Wien auf sich. Alle Balkanstaaten mehrten ihr Gebiet, am meisten Serbien, das seine Fläche durch den Gewinn des Kosovo und Nordmakedoniens fast verdoppelte. Der serbische Nationalismus wurde dadurch erheblich gesteigert.

Während der Krise ließ der russische Außenminister Sasonow den serbischen Premier Pašić bitten, er möge sich zunächst mit dem Erreichten zufriedengeben, da Russland derzeit auf einen Krieg mit der Donaumonarchie nicht vorbereitet sei. Er möge einstweilen das neue Serbien organisieren, „um dann, wenn die Zeit gekommen sein wird, das österreich-ungarische Geschwür aufzuschneiden, welches heute dazu noch nicht so reif ist wie das türkische."[11] Derlei Verheißungen ließ Petersburg öfters nach Belgrad übermitteln und dabei war wiederholt auch die Rede von einem unausweichlichen Kampf gegen die Donaumonarchie und das hinter ihm stehende Deutschland, auf den Serbien sich vorbereiten müsse. Dass der serbische Nationalismus Europa in Brand setzen konnte, war unverkennbar. Der frühere britische Botschafter in Wien, Cartwright, schrieb im Januar 1913 an den Unterstaatssekretär im Foreign Office, Nicolson, Österreich-Ungarn werde durch die dauernde Kraftmeierei Serbiens immer mehr gereizt und bei einer neuen serbischen Krise keine russische Einmischung dulden, sondern den Zwist mit dem kleinen Nachbarn um jeden Preis austragen.

Die Bereitschaft zu einem Krieg nahm in St. Petersburg Anfang 1914 deutlich zu. Sasonow hielt es für möglich, dass die türkische Frage sehr bald gestellt würde, und meinte, dass der Bosporus und die Dardanellen dann Russland zufallen müssten. Nach eingehender Beratung verständigte sich die russische Führung im Februar darauf, alle Vorbereitungen für die Inbesitznahme der Meerengen zu treffen. Großen europäischen Entwicklungen sah man getrost entgegen, des Rückhalts an Frankreich

---

11 Zit. nach Wegerer, Alfred von: Der Ausbruch des Weltkrieges 1914. Hamburg 1939, Bd. 1, S. 64

war man sich nach zahlreichen Loyalitätsbekundungen aus Paris sicher. Ende März erklärte der Leiter der russischen Kriegsakademie vor Offizieren, die bewaffnete Auseinandersetzung mit dem Dreibund sei unvermeidlich und werde wahrscheinlich im Sommer ausbrechen. Vorbereitungen dafür wurden ins Werk gesetzt, der Militärbezirk Wilna angewiesen, alle Truppen für die Zeit vom 14. Mai bis zum 28. Juni zu Übungen einzuberufen. Fachkundige ausländische Beobachter, so im Frühjahr eine japanische Militärmission, gewannen den Eindruck, dass Russland zum Schlage aushole. Anfang Juni teilte der belgische Gesandte nach Brüssel mit, das Zarenreich werde vermutlich bald von seinem Kriegswerkzeug Gebrauch machen.

Hauptträger der großserbischen Propaganda war die Kulturorganisation „Nationale Verteidigung". Eng mit ihr verbunden war der 1911 gebildete Geheimbund „Vereinigung oder Tod", auf den der Anführer des Putsches von 1903, Dimitrijević, jetzt Oberst im Generalstab, maßgeblichen Einfluss hatte. Diese Verschwörer scheuten zur Durchsetzung ihrer Ziele auch vor politischem Mord nicht zurück. Innerhalb weniger Jahre verübte der Geheimbund fünf Anschläge. Als sechstes Opfer war der Thronfolger Österreich-Ungarns, Erzherzog Franz Ferdinand, ausersehen. Er wollte den Slawen in der Monarchie eine verbesserte Stellung geben, und das hätte die Resonanz der großserbischen Propaganda beeinträchtigen können. Die Vorbereitung des Attentats, das bei einem Manöverbesuch des Thronfolgers in Bosnien stattfinden sollte, brauchte einige Zeit. Dimitrijević fragte den russischen Militärattaché, ob das Vorhaben genehm sei, und erhielt nach einiger Zeit das Placet. Auch die Regierung Pašić war einigermaßen informiert, aber die von ihr beschlossene Warnung in Wien war so vage formuliert, dass man dort damit nichts anfangen konnte.

Der Mordanschlag geschah in Sarajewo am 28. Juni. Als die Nachricht über den Tod des Erzherzogs und seiner Frau in Wien eintraf, waren der österreich-ungarische Außenminister Berchtold und der Generalstabschef für sofortiges Losschlagen, während der ungarische Ministerpräsident Tisza mäßigend einwirkte. Bis zu einer Entscheidung über die Reaktion der Doppelmonarchie dauerte es aus verschiedenen Gründen geraume Zeit – das amtliche Österreich-Ungarn blieb mehr als drei

Wochen stumm. Die in Belgrad schließlich am Spätnachmittag des 23. Juli überreichte Note erinnerte an die jahrelange Duldung der großserbischen Umtriebe durch die serbische Regierung, wies nach, dass serbische Offiziere und Beamte an der Durchführung des Attentats beteiligt waren, und erklärte, dass die österreich-ungarische Regierung ihre bisher gezeigte langmütige Haltung nicht mehr aufrechterhalten könne. Sie verlangte eine eindeutige Verurteilung der gegen die Doppelmonarchie gerichteten Propaganda und konkrete Maßnahmen, um derlei Aktivitäten künftig unmöglich zu machen. Dazu stellte sie einige Forderungen, so in Punkt fünf nach der Einwilligung, „daß in Serbien Organe der k. u. k. Regierung bei der Unterdrückung der gegen die territoriale Integrität der Monarchie gerichteten subversiven Bewegung" mitwirken dürften. Nach Punkt sechs sollte gegen die Teilnehmer am Komplott vom 28. Juni gerichtlich vorgegangen werden. „Von der k. u. k. Regierung hierzu delegierte Organe werden an den diesbezüglichen Erhebungen teilnehmen."[12] Die Note, auf die eine Antwort binnen 48 Stunden erwartet wurde, war in moderatem Ton gehalten, aber die beiden eben zitierten Punkte waren sehr weitgehend, machten sie doch eine Aufdeckung des Geheimbundes wahrscheinlich. Die Autoren der Note hätten ihrem Ansinnen mehr Gewicht verschafft, hätten sie darauf verwiesen, dass nach der Ermordung des serbischen Herrschers Fürst Michael Obrenowitsch 1868 ein serbischer Staatsanwalt Vernehmungen auch in der Donaumonarchie vorgenommen hatte. Vom 20. bis zum 23. Juli waren Frankreichs Staatspräsident Poincaré und Ministerpräsident Viviani, der zugleich Außenminister war, zu einem Staatsbesuch in St. Petersburg. Bei einem Essen, das Großfürst Nikolai Nikolajewitsch, der Kommandeur der kaiserlichen Garde und des Militärbezirks St. Petersburg, ein ausgesprochen kriegsgeneigter Mann, den Gästen am 22. Juli gab, sagte seine Gattin ihrem Tischherrn, dem französischen Botschafter Paléologue, der Krieg werde noch Ende des Monats beginnen, „von Österreich wird nichts mehr übrig bleiben. ... Sie werden sich Elsaß und Lothringen nehmen. ... Unsere Truppen werden sich in Berlin

---

12 Sauerbeck, Kriegsausbruch, Anlage zu S. 114

vereinigen, ... Deutschland wird vernichtet werden."[13] Über die Gespräche, die Poincaré mit dem Zaren und Sasonow führte, sind wir kaum unterrichtet, aber wir müssen als sicher annehmen, dass er den Zaren um eine feste Haltung bat und ihn, wie auch früher schon mehrfach, der unbedingten Bündnistreue Frankreichs versicherte. Nach einer letzten Mahnung zur Festigkeit unmittelbar vor der Abreise am Abend des 23. Juli sagte der Zar: „Frankreich ... kann auf meinen unerschütterlichen Willen zählen, bis zum endgültigen Sieg zu kämpfen."[14] Sasonow und Viviani waren sich an diesem Tag einig, „daß alles getan werden sollte, um dem Verlangen nach Aufklärungen oder irgendwelcher dringenden Aufforderung zuvorzukommen, was für Serbien einer Einmischung in die inneren Angelegenheiten gleichkäme und was es als Angriff auf seine Souveränität betrachten könnte."[15] Als Sasonow vom Inhalt der österreich-ungarischen Note an Serbien erfuhr, reagierte er mit dem Ausruf: „Das ist der europäische Krieg."[16] Er sprach von einer ungerechtfertigten Aggression. Paléologue sicherte ihm zu, dass Frankreich alle Verpflichtungen aus seinem Bündnis mit Russland erfüllen werde, und äußerte sich wiederholt in diesem Sinne. So sagte er Sasonow am 26. Juli: „Wir werden den Krieg nicht vermeiden."[17]

Als diese klare Äußerung gemacht wurde, waren in St. Petersburg wichtige Entscheidungen bereits gefallen. Am 24. Juli beschloss ein Kreis ausgewählter Minister, eine Teilmobilisierung gegen Österreich-Ungarn vorbereiten zu lassen und die Schwarzmeerflotte mobilzumachen. Der Ministerrat, der am 25. Juli unter Vorsitz des Zaren und in Anwesenheit des Großfürsten Nikolai Nikolajewitsch tagte, stimmte dem zu und

---

13 Zit. nach Paléologue, Maurice: Am Zarenhof während des Weltkrieges. Tagebücher und Betrachtungen. München ³1927, S. 13

14 Zit. nach Schmidt, Stefan: Frankreichs Außenpolitik in der Julikrise 1914. Ein Beitrag zur Geschichte des Ausbruchs des Ersten Weltkrieges. München 2009, S. 91

15 Zit. nach Sauerbeck, Kriegsausbruch, S. 97

16 Geiss, Imanuel (Hg.): Juli 1914. Die europäische Krise und der Ausbruch des Ersten Weltkriegs. München ³1986, S. 175

17 Paléologue, Zarenhof, S. 28

bezog auch die Ostseeflotte in die Mobilmachung ein, zudem verfügte er das Eintreten der Kriegsvorbereitungsperiode, die dem Anlaufen besonderer wirtschaftlicher Maßnahmen dienen sollte, für den nächsten Tag. Die Bedenken des Generalstabs, dass nur eine Gesamtmobilisierung möglich sei, wurden übergangen. Ganz offensichtlich war die russische Führung nicht bereit, auf eine Entspannung der Situation hinzuwirken. Serbien, das sich wegen der Antwort auf die Note aus Wien ratsuchend an St. Petersburg gewandt hatte, legte Sasonow nahe, die Punkte fünf und sechs abzulehnen, und empfahl die serbische Mobilmachung. Auch informierte er Belgrad über die Ministerratssitzung dieses Tages. Der deutsche Botschafter fand ihn sehr erregt. Ihm gegenüber erging der Minister sich „in maßlosen Anklagen gegen Österreich-Ungarn, erklärte auf das bestimmteste, Rußland könne unmöglich zulassen, daß österreichisch-serbische Differenz zwischen den beiden Beteiligten allein ausgetragen werde", denn die Angelegenheit sei eine europäische, und rief aus: „Wenn Österreich-Ungarn Serbien verschlingt, werden wir mit ihm Krieg führen."[18]

Die serbische Antwortnote vom 25. Juli war insgesamt entgegenkommend.

Zu Punkt fünf sagte sie, Serbien sei bereit, jede Mitwirkung von k. u. k. Organen anzunehmen, die dem Völkerrecht entspreche. Zu Punkt sechs hieß es, die serbische Regierung werde selbstverständlich eine Untersuchung gegen alle Personen einleiten, die am Komplott des 28. Juni beteiligt waren, lehnte aber die Mitwirkung von Österreich-Ungarn dazu bestimmter Personen daran ab. Unverzüglich machte Serbien seine Armee mobil. Des Rückhalts an Russland konnte es dabei völlig sicher sein. Regent Prinz Alexander – König Peter war in Kur – hatte aus St. Petersburg sogar die Zusicherung erhalten, sein Land werde im Krieg gar nicht von den Kämpfen berührt werden, denn russische Truppen würden sofort die Donaumonarchie überschwemmen. Auch die Mitteilung des britischen Außenministers Grey nach Belgrad am 24. Juli, Ser-

---

18 Montgelas, Max / Schücking, Walter (Hg.): Die deutschen Dokumente zum Kriegsausbruch. Charlottenburg 1919, Bd. 1, S. 174

bien möge seinem Interesse gemäß handeln, war als Rückenstärkung zu verstehen.

Berchtold ließ am 25. Juli in St. Petersburg erklären, dass der Kampf mit Serbien, wenn er „uns aufgezwungen wird", nicht um territorialen Gewinn geführt werde, sondern der Selbstverteidigung und Selbsterhaltung diene, „daß wir ... die Souveränität des Königreichs nicht anzutasten gedächten, daß wir aber ... zur Durchsetzung unserer Forderungen bis zum äußersten gehen würden." Der Zweck der Aktion, „in welcher Form immer sie erfolgt, ist ... die notwendige Erhaltung unserer europäischen Stellung."[19] In diesem Sinne hatte sich Berchtold bereits am Tag zuvor gegenüber dem russischen Geschäftsträger geäußert. Am 26. Juli wurde die Teilmobilisierung an der Südgrenze verfügt, zwei Tage später die Kriegserklärung übergeben. Russland antwortete mit der faktisch schon angelaufenen formellen Teilmobilisierung, die tatsächlich eine volle Mobilmachung war – offiziell wurde diese erst am 30. Juli verkündet. Dass es zu einem großen europäischen Kriege kommen werde, war nun kaum noch zu bezweifeln. In einem Telegramm an den Zaren sprach Kaiser Wilhelm II. am 31. Juli von dem „Unheil, das nun die ganze zivilisierte Welt bedroht", und bat ihn dringend, es abzuwenden: „Noch kann der Friede Europas durch Dich erhalten bleiben, wenn Rußland einwilligt, die militärischen Maßnahmen einzustellen, die Deutschland und Österreich-Ungarn bedrohen müssen."[20]

Zugleich ließ Reichskanzler Bethmann Hollweg durch den deutschen Botschafter in St. Petersburg Sasonow darauf hinweisen, dass der trotz „noch schwebender Vermittlungsbemühungen" verfügten russischen Gesamtmobilmachung die deutsche Mobilisierung folgen müsse, „falls nicht Rußland binnen zwölf Stunden jede Kriegsmaßnahme gegen uns und Österreich-Ungarn einstellt."[21] Die deutsche strategische Planung war von dem Ziel geleitet, „den Feind schnell niederzuwerfen und zu

---

19 Sauerbeck, Kriegsausbruch, S. 211 f.
20 Montgelas / Schücking, Die deutschen Dokumente, Bd. 3, S. 2
21 Ebd., S. 9

vernichten."[22] Der erste große Schlag sollte dabei gegen Frankreich geführt werden, da man für Russland eine längere Zeitspanne für den vollen Aufmarsch mit der Front nach Westen unterstellte. Zur schnelleren Umfassung der französischen Armee sah der Schlieffen-Plan den Durchmarsch deutscher Truppen auch durch das neutrale Belgien vor, wobei die belgische Einwilligung vorausgesetzt wurde. Völlig ausschließen wollte man indessen nicht, dass Frankreich sich vom Kriege fernhalten ließ. So ging das Ersuchen um eine Neutralitätszusage verbunden mit realen Garantien nach Paris; sie sollten in der zeitweiligen Überlassung der Festungen Toul und Verdun bestehen. Die französische Regierung antwortete am 1. August, Frankreich werde tun, was seine Interessen geböten, und verfügte zugleich offiziell die Mobilmachung – erste Schritte dazu waren schon seit dem 26. Juli getan worden. Fast zur gleichen Stunde machte auch das Deutsche Reich mobil. Am späten Abend ließ es in St. Petersburg erklären, dass es den Kriegszustand als eingetreten betrachte. Gegenüber Frankreich tat es den gleichen Schritt am 3. August, um die Kampfhandlungen auch im Westen unverzüglich beginnen zu können – jedes Zuwarten musste die deutsche militärische Position schwächen. Das Gesuch an Belgien um Genehmigung des Durchmarsches brachte England zu der ultimativen Forderung an Deutschland, die belgische Neutralität zu achten. Als das Reich dem nicht entsprach, übergab der britische Botschafter am Abend des 4. August die Kriegserklärung.

Jetzt befand sich das Deutsche Reich mit drei europäischen Großmächten im Kriege, Österreich-Ungarn dagegen nur mit Serbien – Russland überließ der Donaumonarchie das Odium des Angreifers. Es bedurfte deutscher Mahnungen, ehe Wien am 6. August dem Zarenreich den Krieg erklärte. Am 11. August folgte der Kriegszustand mit Frankreich, zwei Tage später der mit England. Italien, das mit Deutschland und Österreich-Ungarn in einer Defensivallianz verbunden war, sich dem

---

22 Reichsarchiv (Hg.): Der Weltkrieg 1914–1918. Die militärischen Operationen zu Lande. Kriegsrüstung und Kriegswirtschaft, Bd.1: Die militärische, wirtschaftliche und finanzielle Rüstung Deutschlands von der Reichsgründung bis zum Ausbruch des Ersten Weltkrieges, Berlin 1930, S. 327 f.

Dreibund aber schon seit Jahren entfremdet hatte, blieb neutral. Die Regierung fasste diesen Beschluss bereits am 31. Juli, weil, wie der deutsche Botschafter im Rom mitgeteilt bekam, angesichts des aggressiven österreich-ungarischen Vorgehens gegen Serbien „der casus foederis nach Maßgabe des Dreibundvertrags nicht vorliege."[23] Ebenso entschied sich Rumänien, das seit mehr als drei Jahrzehnten mit dem Deutschen Reich und der Donaumonarchie ein Defensivbündnis hatte, für die Neutralität. Mit seiner Ansicht, es sei eine Ehrenpflicht, das Bündnis mit den Zweibundmächten nun Wirklichkeit werden zu lassen, blieb König Karl in der Kronratssitzung am 3. August fast allein. Mit dem Osmanischen Reich schloss Deutschland am 2. August einen Geheimvertrag und sagte ihm dabei militärische Unterstützung für den Fall zu, dass es angegriffen werde. Es war ja nicht auszuschließen, dass Russland oder auch die Westmächte nach den Meerengen griffen. Konstantinopel sollte in dem nun beginnenden Krieg bewaffnete Neutralität wahren. Dieser Status wurde schon nach wenigen Tagen verletzt, als zwei von einem britisch-französischen Marineverband verfolgte deutsche Kreuzer, von Messina kommend, von der osmanischen Regierung die Erlaubnis zur Einfahrt in die Dardanellen erhielten, während die Meerengen für Kriegsschiffe anderer Mächte gesperrt wurden. Durch Ankauf der beiden Schiffe sollte die Verletzung der Meerengenverträge ausgeheilt werden, aber dieser Erwerb war doch nur ein vordergründiger Akt. In der Folge bemühte sich die Entente um das Osmanische Reich, zeigte sich dabei aber nicht bereit, die Rechte, die die europäischen Staaten dort seit Langem besaßen, aufzugeben, also auf die sogenannten Kapitulationen zu verzichten; Konstantinopel widerrief sie am 7. September. Das Deutsche Reich war zur Aufhebung bereit, es sagte dem Osmanischen Reich zudem die Revision der Grenzen zu, sollte es auf seiner Seite in den Krieg eintreten. In der jungtürkischen Führung, die seit Anfang 1913 an der Macht war, überwogen die Sympathien für Deutschland ganz eindeutig, auch hofften die Befürworter eines Kriegseintritts gegen Russland auf Gebietserwerb im Kaukasus und in Zentralasien. Die Entscheidung für den Krieg fiel im Oktober. Ende des Monats beschossen die beiden vormals deut-

---

23 Montgelas/Schücking, Die deutschen Dokumente, Bd. 3, S. 42 f.

schen Kreuzer Odessa und Sewastopol und einen dritten Hafen sowie Handelsschiffe im Schwarzen Meer. Das hatte die Kriegserklärung der Entente zur Folge.

Unzweifelhaft: Russland wollte 1914 den Krieg. Die Hauptverantwortlichen für den Zusammenprall der europäischen Großmächte saßen in St. Petersburg. Da Frankreich die russische Politik in der Julikrise bedingungslos stützte, hatte es ein erhebliches Maß an Mitverantwortung für die Katastrophe. Die Führung der Donaumonarchie sah Österreich-Ungarn mit guten Gründen als existenziell bedroht an. Sie wollte Serbien die weitere Unterminierung des Reiches unmöglich machen und hielt, als ihr Verlangen nach Mitwirkung bei der Untersuchung des Komplotts vom 28. Juni abgelehnt wurde, einen Feldzug für nötig. In Wien glaubte man, den Konflikt lokal begrenzen zu können, meinte aber, auch einen größeren Krieg mithilfe des Deutschen Reiches überstehen zu können – dieser Ansicht war besonders der Generalstab. Der Anteil Wiens an der Verantwortung für den Krieg ist weitaus geringer als der St. Petersburgs. Die Reichsleitung in Berlin war überzeugt, sich nicht erlauben zu können, nochmals auf Wien mäßigend einzuwirken, wie sie das in den Krisen 1908/09 und 1912/13 getan hatte, weil das einen Zerfall des Zweibundes zur Folge hätte haben können. Einen großen Krieg hielt sie zunächst für unwahrscheinlich. Als sie die Gefahr wachsen sah, warnte sie Wien dringend davor, einen Weltenbrand zu entfachen, konnte einen Kurswechsel dort aber nicht mehr erreichen. Ohnehin ist fraglich, ob eine größere Konzessionsbereitschaft angesichts der russischen Entschlossenheit positive Wirkungen gehabt hätte. Schließlich ließ sie alle Bedenken hinter sich, um schnell militärisch handeln zu können. Die Kriegserklärungen an Russland und Frankreich waren eine Flucht nach vorn. In London tat man für die Vermeidung des Krieges viel weniger als in Berlin. Intern war von Anfang an klar, wo Großbritannien im Konfliktfall stehen würde, nämlich auf der Seite der Partner in der Entente. Eine öffentliche Äußerung dieses Sinnes war aus innenpolitischen Gründen unmöglich, denn die große Mehrheit der Briten war einem Kriege abgeneigt. Schritte zur Mäßigung Russlands ließ Grey, der ausgesprochen frankreichfreundlich war und Deutschland sehr reserviert gegenüberstand, nur sehr zurückhaltend unternehmen. Nach dem Studium der von den Kriegführenden veröffentlichten Farbbücher kam der amerikanische Völkerrechtler John William Burgess in einem 1915 veröffentlichten Buch zu dem Ergebnis, Grey habe gehandelt, „wie ein sehr kluger Diplomat" handeln würde, „der einen Vernichtungskrieg gegen das Deutsche Reich und die österreich-ungarische Monarchie herbeizuführen wünscht und die Verantwortung dafür auf die Schultern seiner Opfer abwälzen möchte."[24] Aall bescheinigte Grey 1927, sein Verhalten habe das „Gepräge von schlau durchdachter Berechnung gehabt"[25]. Und der britische Historiker Ferguson, der für gegeben hält, dass Deutschland Russland und Frankreich den Krieg aufzwang, meinte vor einigen Jahren, Grey sei einer „Taktik der wohlüberlegten Zweideutigkeit"[26] gefolgt. England schrieb er zu, aus dem kontinentalen Krieg einen Weltkrieg gemacht zu haben. Der leitende Gesichtspunkt des britischen Außenministers war die Sorge um die unbeeinträchtigte Erhaltung der britischen Machtstellung. Sie sah er durch Deutschland bedroht, schon lange vor dem Kriege und in stärkerem Maße in der Julikrise. Blieb England dem Kriege fern, so seine Überlegung, ermöglichte es damit einen deutschen Sieg über Russland und Frankreich. Siegten aber diese beiden Mächte ohne Mitwirkung Großbritanniens, so war künftig mit deren Gegnerschaft zu rechnen. Demzufolge musste er sein Land auf ihre Seite führen. Das deutsche Ansinnen an Belgien spielte für seine Entscheidung allenfalls eine Nebenrolle, aber es war bestens geeignet, die Bedenken gegen einen Krieg in der politischen Klasse und in der Öffentlichkeit Englands zu überwinden.

---

24 Burgess, John William: Der europäische Krieg. Seine Ursachen, seine Ziele und seine voraussichtlichen Ergebnisse. Leipzig 1915, S. 16
25 Neutrale Komitees, Kriegsschuld, S. 200
26 Ferguson, Niall: Der falsche Krieg. Der Erste Weltkrieg und das 20. Jahrhundert. München 2001, S. 202

Ziele der Westmächte

Sauerbecks oben zitierte Schuldzuweisung an die Alliierten, den Krieg ohne Not entfesselt zu haben, sah den Sachverhalt richtig. Nun ist seine zweite Anklage zu bedenken, dass nämlich die Entente den Krieg ohne Not zu dem machte, was er tatsächlich war: zum Grab ganzer Völker. Dabei ist zu fragen, welche Ziele die Spitzenpolitiker dieser Staaten anstrebten.

Deutschlands stetiges wirtschaftliches Wachstum, sein großes militärisches Potenzial, seine wiederholt bekundeten Vorbehalte gegen die fortdauernde überseeische Expansion der Mächte ohne Rücksicht auf Deutschland, namentlich gegen Frankreichs Verhalten in Marokko, wurden in London und Paris seit Langem mit Unbehagen beobachtet. Hier wie dort stellten einflussreiche Politiker sich die Frage, wie man die Lage ändern könne. Bei diesen Erwägungen spielte der Gedanke an Krieg durchaus eine Rolle. Im September 1912 etwa brachte Grey Sasonow gegenüber zum Ausdruck, England werde alles daransetzen, der deutschen Machtstellung einen so vernichtenden Schlag wie möglich zu verabreichen, falls Frankreich und Russland in einen Krieg mit den Zentralmächten verwickelt würden. Und einige Wochen später, im November, versicherte Poincaré, damals Ministerpräsident und Außenminister, Sasonow, Russland könne auf französische Hilfe rechnen, wenn es zu einem allgemeinen Krieg komme. Er erwarte diesen Krieg in naher Zukunft. Dem französischen Journalisten Ernest Judet sagte er im Januar 1914: „Binnen zwei Jahren werden wir den Krieg haben. Ich verwende meine ganze Kraft auf seine Vorbereitung."[27] Jetzt war der Krieg da und damit die Gelegenheit, ein neues Kapitel der Geschichte zu schreiben. Das Gewicht der Mittelmächte und vor allem Deutschlands sollte deutlich gemindert und die Machtverteilung zwischen den Großmächten gründlich revidiert werden. Eine solche Zielsetzung war nur bei einem vollen alliierten Sieg zu verwirklichen, und bis dahin musste gekämpft

---

27 Neutrale Komitees, Kriegsschuld, S. 124

werden. Daran ließen die meisten Politiker in den Staaten der Entente in ihren Reden keinen Zweifel. Der britische Premier Asquith erinnerte am 4. September 1914 an die Revolutionskriege, als England unter dem jüngeren Pitt in der Auseinandersetzung mit Frankreich „das Schwert nicht eher in die Scheide steckte als bis, nach nahezu zwanzig Jahren des Kämpfens, der Friede Europas gesichert war", und fügte kategorisch hinzu: „Laßt uns hingehen und desgleichen tun." In einer Rede in Edinburgh zwei Wochen später nannte er den Krieg einen „Kreuzzug gegen die Anmaßung einer einzelnen Macht, die die Entwicklung Europas zu beherrschen" trachte. Kurz danach fügte er in einer Rede in Dublin dem Kriegsziel, das er am 6. August im Unterhaus genannt hatte – sicherzustellen, dass kleine Nationen nicht von einer sich überhebenden Macht vernichtet werden –, ein weiteres hinzu, nämlich „die endgültige Abschaffung des Militarismus als des regierenden Faktors in den Beziehungen der Staaten."[28] Als er den Sinn des Krieges in der Guildhall in London am 9. November erläuterte, präzisierte er die eben zitierte Zielangabe und sprach von der notwendigen Niederwerfung des preußischen Militarismus. Mit derlei Auffassungen stand er wahrlich nicht allein. Sein Parteifreund Lloyd George verkündete am 19. September, England bekämpfe nicht das deutsche Volk. Dieses lebte seines Erachtens unter der Hölle der Militärkaste und werde es als Tag der Freude empfinden, wenn diese Kaste zerbrochen werde. „Nicht eher soll der Krieg enden, als bis der Friede Europas gesichert ist durch völlige und endgültige Garantien gegen die Möglichkeit, daß der Friede je wieder durch den Militarismus Preußens gestört werden kann."[29] In der Thronrede hieß es am 11. November entsprechend, England werde solange weiterkämpfen, bis es den Frieden bestimmen könne. Von dieser Position wich die britische Führung nicht mehr ab. Lloyd George brachte sie

---

28 Die beiden ersten Zitate nach Recktenwald, Friederike: Kriegsziele und öffentliche Meinung Englands 1914/16. Stuttgart 1929, S. 9, das dritte ebd., S. 16. Vgl. insgesamt: Rothwell, Victor H.: Britisch War Aims and Peace Diplomacy 1914–1918. Oxford 1971; Stevenson, David: French War Aims against Germany 1914–1919. Oxford 1982.

29 Recktenwald, Kriegsziele, S. 18

am 28. September 1916 in einem Interview mit einem Vertreter der United Press auf eine berühmt gewordene Formel: „Der Kampf wird dauern bis zur Niederschmetterung" des Gegners, bis zum Knock-out. „Die ganze Welt sollte wissen, daß eine Einmischung von außen ... nicht in Frage kommen kann. England wird keine Vermittlung dulden, da es zum Kampfe so lange bereit ist, bis der preußische Militärdespotismus auf ewig zerstört ist."[30] Man darf derlei Äußerungen getrost als Demagogie bezeichnen, denn mit der deutschen Verfassungswirklichkeit hatten sie nichts zu tun. Dass der so oft berufene preußische Militarismus nichts weiter als ein Schwarzer Peter war, versteht sich von selbst. England hatte, nebenbei, seit dem 17. Jahrhundert deutlich mehr Kriege geführt als Preußen. Lloyd George war zum Zeitpunkt dieses Interviews Staatssekretär des Krieges, wenig mehr als zwei Monate später, am 7. Dezember, löste er Asquith als Premierminister ab. Seiner Prussophobie blieb er treu. In seiner Antrittsrede nannte er Preußen einen schlimmen, anmaßenden, drohenden, eisenfressenden, Verträge nach Gutdünken missachtenden Aggressor, der immer wieder seine Nachbarn beraubte. In diesem Kriege sah er die Dämme, die Generationen von Männern „mühsam gegen die Barbarei aufgebaut haben ...", durchbrochen, und wäre nicht die Macht Englands in die Bresche getreten, dann wäre Europa von einer Flut der Barbarei und einer ungezähmten Machtgier überschwemmt worden."[31]

Seit Anfang September 1914 waren die Staaten der Entente durch die öffentliche Erklärung miteinander verbunden, dass sie keinen Sonderfrieden mit Deutschland abschließen würden. Nach den ständigen Bekundungen, bis zum endgültigen Sieg zu kämpfen, war ein Verständigungsfrieden undenkbar. Er wurde auch nie ins Auge gefasst, selbst in sehr kritischen Phasen des Krieges nicht, und alle Vermittlungsangebote wurden beiseitegeschoben. Dass nur ein Waffenstillstand infrage kam, der es den Alliierten erlaubte, ihre Kriegsziele durchzusetzen, wurde von Grey schon im September 1914 gegenüber dem britischen Botschafter in Washington festgestellt. Die wichtigste Bedingung eines Vorfriedensver-

---

30 Ebd., S. 21 f.
31 Ebd., S. 22

trags sollte die Auslieferung der deutschen Flotte sein. Die britische Presse, die seit Anfang 1912 ein recht positives Deutschlandbild gezeichnet hatte, war noch bis Anfang August 1914 in der Mehrheit für Neutralität. Das änderte sich nach dem Kriegseintritt Englands schlagartig. Die Medien verbreiteten nun einen entschiedenen Kriegswillen und zeigten eine unbeugsame Siegeszuversicht, was sie nicht selten zur kräftigen Beschönigung der Tatsachen zwang. Sogleich begann eine intensive antideutsche Propaganda. Das Reich wurde als steter Unruhestifter in der internationalen Politik dargestellt, das, getrieben vom Ehrgeiz seiner archaisch-militaristischen Herrschaftselite, nach der Weltführungsrolle griff und England vom ersten Platz unter den Mächten verdrängen wollte. Den Deutschen wurde bei der Kriegführung äußerste Rücksichtslosigkeit unterstellt, sie wurden zu „Hunnen", und Deutschland wurde nicht selten „Barbaria" genannt. Auch für die Presse war der Krieg ein Kreuzzug gegen das Böse, auch sie verwarf einen Verständigungsfrieden. Die von ihr diskutierten Kriegsziele waren nur durch einen Siegfrieden zu verwirklichen. Dabei wurden „bereits im August 1914 wesentliche Elemente des späteren Versailler Vertrags zur Sprache gebracht"[32].

In Frankreich war das Meinungsbild differenzierter, die politische Diskussion kontroverser. Schon wegen der Nähe des Kriegsschauplatzes konnte die französische Presse nicht eine derartige Schönfärberei treiben wie die britische; die Last, die Frankreich im Kriege zu tragen hatte, war deutlich schwerer als im Nachbarland. Die Stimmung war mithin nicht so stabil wie in England. Für die überwiegende Mehrheit der Bevölkerung stand aber stets fest, dass das Deutsche Reich am Krieg schuld sei, dass der Frankreich aufgenötigte Kampf mit einem Sieg enden müsse und eine Verständigung vorher nicht möglich sei. Der Friede müsse Frankreich eine feste Garantie gegen eine neue deutsche Aggression und Entschädigung für die erlittenen schweren Verluste bringen. Auch die französische Presse malte ganz überwiegend ein düsteres Deutschlandbild und führte Preußen und seinen Militarismus als böses Prinzip in Deutschland vor. Dieses Böse müsse zerschlagen werden. Als im Novem-

---

32 Schramm, Martin: Das Deutschlandbild in der britischen Presse 1912–1919. Berlin 2007, S. 435

ber 1917 der 67-jährige Radikaldemokrat Georges Clemenceau Ministerpräsident wurde, verhärtete sich der politische Kurs in Frankreich sehr. Der neue Regierungschef hatte schon seit Kriegsbeginn all diejenigen heftig befehdet, die seines Erachtens zu maßvolle Töne anschlugen. Jetzt verschärfte er diesen Kampf und setzte zur Beeinflussung der Presse erhebliche staatliche Mittel ein – mit gutem Ertrag für seine Zielsetzungen. Für ihn, der 1870/71 die monatelange Einschließung von Paris durch deutsche Truppen in der Stadt miterlebt hatte, war dieser Krieg in gewisser Weise die Fortsetzung des damaligen. Jetzt endlich sollten Verhältnisse geschaffen werden, die gewährleisteten, dass Frankreich sich nie mehr gegen einen deutschen Angriff wehren musste.

Seit Herbst 1914 arbeitete die Diplomatie der Ententestaaten intensiv daran, die Zahl der Verbündeten zu vermehren – die junge fernöstliche Großmacht Japan hatte sich sogleich im August 1914 den Alliierten beigesellt, um am deutschen Besitz im Pazifik zu partizipieren. Umworben wurden Italien, Bulgarien, Rumänien und Griechenland; allen wurden beträchtliche Gebietsgewinne auf Kosten der Donaumonarchie versprochen. Unmittelbaren Erfolg hatte das nicht. Im Oktober 1914 einigte sich das britische Kabinett darauf, den länger als ein Jahrhundert behaupteten Anspruch auf die Integrität des Osmanischen Reiches aufzugeben und Russland die Meerengen darzubieten. Allerdings sollte Konstantinopel Freihafen werden und die Passage frei sein. Dafür sollte das Zarenreich die noch genauer zu bestimmenden Ansprüche Großbritanniens und Frankreichs in der übrigen Türkei anerkennen und England beträchtliche Konzessionen in Persien machen. Darüber wurde im Frühjahr 1915 prinzipiell Einverständnis erzielt. Ende 1916 erreichte das Foreign Office zudem die Zusage St. Petersburgs, das Verhältnis Russlands und Polens künftig wieder als reine Personalunion zu gestalten. Am 26. April 1915 verpflichtete sich Italien im Londoner Vertrag, unverzüglich mit allen seinen Kräften auf der Seite der Alliierten in den Krieg einzutreten. Dafür wurden ihm die Brennergrenze, die österreichischen Länder Küstenland und Dalmatien, die Schutzherrschaft über Albanien, der Besitz des Dodekanes und das Recht zur Annexion oder Durchdringung weiter Landstriche in Südwestanatolien und Kolonialerwerb in Ostafrika zugesagt. Wenige Wochen später, Ende Mai, erklärte Italien Öster reich-Ungarn den Krieg (dem Deutschen Reich erst im August 1916). Im Sykes-Picot-Abkommen, benannt nach den beiden Ministerialbeamten, die es aushandelten, verfügten Großbritannien und Frankreich im Mai 1916 über die arabischen Teile des Osmanischen Reiches. Ersteres sollte den Südteil Mesopotamiens und am Mittelmeer die Häfen Haifa und Akka nebst Umland erhalten, Frankreich Syrien. Der Raum zwischen dem britischen und dem französischen Bereich sollte zu einer arabischen Föderation unter britischer Schutzherrschaft, die arabische Halbinsel unabhängig werden. Im August 1916 bekam Rumänien für seinen Kriegseintritt auf der Seite der Alliierten Siebenbürgen versprochen. Im Frühjahr 1917 verständigten sich Großbritannien und Russland über die Aufteilung der armenischen Bezirke im Osmanischen Reich und über Einflusszonen in Persien. Gleichzeitig konzedierte Frankreich dem Zarenreich die beliebige Expansion nach Westen, während Russland Frankreich das an seiner Ostgrenze zugestand. Die von Frankreich von Anfang an als selbstverständlich erachtete Wiedererwerbung Elsass-Lothringens wurde von London förmlich erst im Oktober 1917 gebilligt, ansonsten über Deutschland aber keine Regelung getroffen. Das „Hauptziel Frankreichs" war, wie der französische Außenminister Delcassé bereits Mitte Oktober 1914 in Bordeaux, wohin sich die Regierung fast fluchtartig begeben hatte, dem russischen Botschafter Iswolski gesagt hatte, „die Vernichtung des Deutschen Reiches und die möglichste Schwächung der militärischen und politischen Macht Preußens."[33]

Man wollte das Werk Bismarcks zerschlagen, Preußen amputieren und die föderalistischen Kräfte in Deutschland so stärken, dass faktisch der Deutsche Bund wiederhergestellt wurde. Links des Rheins sollte Deutschland nichts mehr zu sagen haben. Für derlei weitgesteckte Ziele war England ganz und gar nicht zu gewinnen.

Die erwähnten Vereinbarungen waren allesamt Geheimverträge, aber ihr Inhalt blieb doch nicht ganz unbekannt. Die Sowjetregierung veröffentlichte sie an der Jahreswende 1917/18, und das Kriegspresseamt in

---

[33] Stieve, Friedrich (Hg.): Iswolski im Weltkriege. Der Diplomatische Schriftwechsel Iswolskis aus den Jahren 1914–1917. Neue Dokumente aus den Geheimakten der russischen Staatsarchive. Berlin 1925, S. 118 f.

Berlin machte sie danach unverzüglich in einer Broschüre allgemein bekannt und nannte sie „ein gewaltiges Eroberungsprogramm", dessen Verwirklichung „geradezu einer Neueinteilung der Welt entsprechen" würde.[34] Zu den territorialen Abmachungen der Entente kamen auf der Pariser Wirtschaftskonferenz im Frühjahr 1916 auch wirtschaftliche Vereinbarungen, die auf eine Diskriminierung der Kriegsgegner und insbesondere Deutschlands zielten. Durch zum Teil kräftigen Druck veranlassten die Alliierten im Laufe des Krieges viele neutrale Staaten dazu, sich als Assoziierte den Alliierten anzuschließen.

---

34 Kriegspresseamt (Hg.): Die Kriegsziele der Entente. Dargestellt auf Grund der veröffentlichten russischen Geheimdokumente. Berlin 1918, S. 47

Kurzer Blick auf die drei ersten Kriegsjahre

Über den Verlauf der Kämpfe kann hier nicht näher gehandelt werden, es muss bei einem knappen Überblick bleiben. Das deutsche Konzept einer Umfassung der französischen Armee scheiterte schon im September 1914 nach großen Anfangserfolgen. Dazu trug bei, dass Belgien sich dem ihm angesonnenen Durchmarsch bewaffnet entgegenstellte und damit deutsche Kräfte band, ebenso aber auch der unerwartet schnelle russische Vorstoß nach Ostpreußen, der den Generalstab dazu veranlasste, zwei Armeekorps vom Westen in den Osten zu verlegen. Nach der Schlacht an der Marne vom 5. bis 10. September dauerte der Bewegungskrieg im Westen nur noch kurze Zeit, dann bildete sich eine durchgehende Front mit einem immer stärker ausgebauten Befestigungssystem auf beiden Seiten. In diesem Stellungskrieg lieferten sich Franzosen und Engländer jahrelang erbitterte und blutige Kämpfe mit den Deutschen, ohne dabei jedoch entscheidende Vorteile erringen zu können. In Ostpreußen erlitten die Russen im August 1914 eine schwere Niederlage und wurden im Februar 1915 endgültig vom deutschen Boden vertrieben. Die Kämpfe zwischen österreich-ungarischen und russischen Truppen sahen die Russen anfänglich klar im Vorteil, aber im Mai 1915 gelang den Mittelmächten bei Tarnów und Gorlice auf breiter Front der Durchbruch durch die russischen Linien. Der Bewegungskrieg kam erneut in Gang, und im Laufe des Sommers eroberten die deutschen und österreich-ungarischen Armeen Kurland, Litauen und Polen und vertrieben die Russen wieder aus Galizien. Dann erstarrte die Front wiederum, es kam zum Stellungskrieg. Die erfolgreiche Sommeroffensive veranlasste das im Zweiten Balkankrieg gedemütigte Bulgarien dazu, sich den Mittelmächten anzuschließen, es bekam dafür den Erwerb serbischen Gebiets zugesichert. Im Oktober erklärte es der Entente den Krieg. Unmittelbar danach wurde Serbien durch deutsche, österreich-ungarische und bulgarische Truppen niedergeworfen und damit die Landverbindung zwischen den Zweibundstaaten und dem Osmanischen Reich hergestellt. Bis zur Jahreswende 1915/16 wurden auch Montenegro und

Albanien besetzt. Ab Mitte März 1915 versuchte ein beträchtliches Truppenaufgebot des Britischen Weltreichs und Frankreichs, die dem europäischen Ufer der Dardanellen vorgelagerte Halbinsel Gallipoli zu erobern, um von dort aus auf dem Landwege Konstantinopel zu erreichen und so die Meerengen für alliierte Schiffe passierbar zu machen – Russland war auf Materialzufuhr aus England und Frankreich dringend angewiesen. Das Unternehmen misslang und wurde Ende des Jahres abgebrochen. Unter Bruch der griechischen Neutralität landeten Anfang Oktober 1915 französische Truppen in Saloniki, um die Reste des serbischen Heeres aufzunehmen, blieben aber auch danach in jenem Hafen und erweiterten von da aus das von ihnen besetzte griechische Territorium.

Im August 1916 proklamierten sie auf Kreta eine Gegenregierung unter Leitung von Eleftherios Venizelos. Sie erklärte Bulgarien und Deutschland den Krieg. Da König Konstantin unbeirrt an seiner Neutralitätspolitik festhielt, verstärkten die Alliierten ihren Druck auf Griechenland durch Blockade der Küsten und forderten die Abdankung des Monarchen. Das von ihnen besetzte Gebiet dehnten sie weiter aus und erzwangen schließlich im Juni 1917 ultimativ die Abdankung des Königs und den Kriegseintritt Griechenlands auf ihrer Seite; dazu bot ihnen Venizelos willig die Hand. Nun konnten sie eine ausgedehnte Balkanfront aufbauen. Ihr Vorgehen in Griechenland vom Herbst 1915 bis zum Sommer 1917 war eine Kette von Völkerrechtsbrüchen. Die Russen erzielten 1916 mit ihrer Sommeroffensive gegen Österreich-Ungarn erhebliche Erfolge, nur mithilfe deutscher Truppen konnte ihr Vormarsch zum Stehen gebracht werden. Nun entschloss sich Rumänien, seine Neutralität aufzugeben – ein russisches Ultimatum half dabei kräftig nach. Ende August erklärte es den Mittelmächten den Krieg, focht aber sehr unglücklich. Bis zum Jahresende wurde das Land zum größten Teil von den Truppen der Mittelmächte besetzt. Die Kämpfe zwischen Österreich-Ungarn und Italien verliefen wechselhaft, sie fanden entlang des Isonzo auf dem Territorium Österreich-Ungarns statt. Vom Kaukasus aus konnten die Russen Nordostanatolien besetzen. Die jungtürkische Regierung ließ die Armenier unter dem Vorwand, sie hätten mit den Russen kollaboriert, 1915/16 nach Mesopotamien deportieren. Das waren Märsche in den Tod. Diesem Völkermord fielen mehr als eine Million Menschen zum Opfer. Die Engländer, die dort hauptsächlich indische Truppen einsetzten, taten sich bei ihren Angriffen im Zweistromland lange sehr schwer. Auch in den anderen arabischen Teilen des Osmanischen Reiches behaupteten sich die Türken lange gut. Im November 1916 wurde die Unabhängigkeit Arabiens ausgerufen.

Zur See wurde der Krieg vornehmlich durch die britische Blockade der Nordsee und den deutschen U-Boot-Krieg bestimmt. Die Blockade in dieser Form, schon lange vor dem Kriege geplant, war völkerrechtswidrig, denn nach allgemein anerkannten Normen musste sie unmittelbar vor den feindlichen Häfen erfolgen, ein ganzes Meer und damit der Zugang zu neutralen Küsten und Häfen durfte nicht weiträumig abgesperrt werden. Der Einsatz der U-Boote erfolgte zunächst nach den Regeln des Kreuzerkrieges nach der Prisenordnung und war damit seerechtlich unanfechtbar. Er war aber wirkungslos, denn viele Handelsschiffe der Entente waren (völkerrechtswidrig) bewaffnet – britische z. T. schon seit der Vorkriegszeit – und griffen auftauchende U-Boote sofort an. So erklärte das Deutsche Reich am 5. Februar 1915 mit Wirkung ab der Mitte des Monats die Gewässer rund um die britischen Inseln zum Sperrgebiet, in dem feindliche Handelsschiffe mit warnungsloser Versenkung zu rechnen hatten. Für neutrale Schiffe wurden Zonen benannt, in denen sie sicher verkehren konnten. Auch das war eine Fernblockade – wegen des Ausweises der Zonen für neutrale Schiffe dem Völkerrecht aber näher als die britische Praxis. Nach einigen Versenkungen mit hohen Opferzahlen („Lusitania" im Mai 1915) und Protesten der Neutralen schränkte die Marineleitung diese Art des Kampfes ein und kehrte im April 1916 zum Kreuzerkrieg zurück. Anfang 1917 aber fiel in Deutschland die Entscheidung, den unbeschränkten U-Boot-Krieg am 1. Februar wieder aufzunehmen.

Friedensbestrebungen der Mittelmächte

Nach den großen Erfolgen der deutschen Offensive in Frankreich im Sommer 1914 konnte die deutsche Führung nicht ausschließen, dass bald über einen Frieden zu sprechen war. So entstand im Großen Hauptquartier eine Zusammenstellung zu erwägender Fragen, die Bethmann Hollweg am 9. September an den Vizekanzler nach Berlin übersenden ließ. Fritz Fischer nannte sie 1961 das „Septemberprogramm" und zog daraus weitgehende Schlüsse für die deutschen Kriegsziele. Um ein festes Programm handelte es sich indessen nicht, eher sollte man von einer Arbeitsanweisung sprechen: Der Katalog sollte in Berlin auf seine Sinnhaftigkeit überprüft werden. Nach dem Steckenbleiben der Offensive hielt der Kanzler, sollte ein Sonderfrieden mit dem Zarenreich, um den man sich auf verschiedenen Wegen bemühte, nicht zustande kommen, ein Kriegsende wegen allgemeiner Erschöpfung ohne ausgesprochene militärische Niederlage der einen oder anderen Seite für wahrscheinlich. „Das Ergebnis des Krieges würde sich dann für uns im wesentlichen auf die aller Welt demonstrierte Tatsache reduzieren, daß selbst die größte feindliche Koalition uns nicht niederzwingen kann."[35] Die Durchsetzung weitgreifender Kriegsziele, wie sie in der deutschen Öffentlichkeit diskutiert wurden, verbot sich damit von selbst. Bethmann Hollweg setzte nie auf einen Siegfrieden, sondern auf Ausgleich, es ging ihm nicht um Gebietsgewinne, sondern vor allem darum, das Verhältnis der Großmächte nach dem Kriege so zu gestalten, dass eine nochmalige Koalition England – Frankreich – Russland gegen das Reich unwahrscheinlich war. Dazu gehörte auch, „den Versuch zu machen, endlich die Jahrhunderte alten Streitigkeiten zwischen Frankreich und uns zu beseitigen",

---

35 Zechlin, Egmont: Friedensbestrebungen und Revolutionierungsversuche: Deutsche Bemühungen zur Ausschaltung Rußlands im Ersten Weltkriege. Teil 4: Bethmann Hollwegs Kriegszielpolitik, in: Aus Politik und Zeitgeschichte, B 20/1963, 15.05.1963, S. 3–54, hier S. 3

den Nachbarn im Westen bei Kriegsende also freundlich zu behandeln.[36] Nach dem Kriegseintritt Italiens sagte der Kanzler im Mai 1915 im Reichstag, Deutschland müsse durchhalten, bis es alle möglichen Garantien dafür geschaffen habe, dass keiner seiner Feinde je wieder einen Waffengang wagen werde. Worin diese Garantien bestehen sollten, ließ er offen. Sieben Monate später legte er am 9. Dezember bei einer neuerlichen Rede im Reichstag die Kriegsziele der Alliierten dar, kennzeichnete die Geistesverfassung der feindlichen Völker als hasserfüllt und zog daraus den Schluss, dass angesichts dessen ein deutsches Friedensangebot eine Torheit wäre, die den Krieg eher verlängern werde. Zugleich erklärte er aber, dass das Reich jederzeit diskussionsbereit sei, wenn ihm Friedensangebote gemacht würden, die seiner Würde und seiner Sicherheit entsprächen. „Es soll nicht heißen, wir wollten den Krieg auch nur um einen Tag verlängern, weil wir noch dieses oder jenes Faustpfand erobern wollen." Die Gegner müssten sich aber darüber klar sein, dass, je länger und erbitterter sie diesen Krieg gegen Deutschland führten, desto mehr die Garantien wüchsen, die das Reich brauche. Zu Polen und Belgien sagte er, sie dürften nie wieder zum Aufmarschgebiet gegen Deutschland werden.[37] Er beließ es nicht bei dieser Bekundung, sondern

---

36 Ebd., S. 9 f. Vgl. ferner auch Zechlin, Egmont: Krieg und Kriegsrisiko. Zur deutschen Politik im Ersten Weltkrieg. Aufsätze. Düsseldorf 1979; Hölzle, Erwin: Die Selbstentmachtung Europas. Das Experiment des Friedens vor und im Ersten Weltkrieg. Göttingen 1975; Steglich, Wolfgang: Bündnissicherung oder Verständigungsfrieden. Untersuchungen zu dem Friedensangebot der Mittelmächte vom 12. Dezember 1916. Göttingen 1958, ²2001; Hayashima, Akira: Die Illusion des Sonderfriedens. Deutsche Verständigungspolitik mit Japan im ersten Weltkrieg. München 1982; Fischer, Fritz: Griff nach der Weltmacht. Die Kriegszielpolitik des kaiserlichen Deutschland 1914/18. Düsseldorf 1961, ³1964; Kielmansegg, Peter Graf: Deutschland und der Erste Weltkrieg. Frankfurt a. M. 1968; Stuttgart ²1980.

37 Verhandlungen des Reichstags / Stenographische Berichte des Reichstags, Bd. 306, S. 434–437, auch in: Fenske, Hans (Hg.): Unter Wilhelm II. 1890–1918. Darmstadt 1982, S. 423–429

sprach im Januar 1916 dem engsten Mitarbeiter des amerikanischen Präsidenten Wilson, Edward House, der sich auf einer Europareise befand, seine Sympathien für einen von Washington ausgehenden Friedensschritt aus und hielt während des ganzen Jahres unbeirrt an dieser Idee fest. Im Mai trug er dem amerikanischen Botschafter in Berlin den Wunsch nach einer amerikanischen Initiative nochmals vor, und am 18. Oktober übergab der deutsche Botschafter in den USA House ein entsprechendes Memorandum. Nach der Eroberung Polens wurde das besetzte Gebiet von den Mittelmächten in zwei Gouvernements aufgeteilt. Das nördliche, Warschau, unterstand einem deutschen Gouverneur, das südliche, Lublin, einem österreichischen. Über die künftige Gestalt Polens wurde zwischen Berlin und Wien langwierig verhandelt. Mitte Oktober 1916 einigten sich Bethmann Hollweg und der Außenminister der Donaumonarchie, Burián, darauf, dass nach dem Kriege ein selbstständiges Polen als konstitutionelle Erbmonarchie geschaffen, diese Absicht aber schon bald in einer feierlichen Proklamation verkündet werden sollte. Die Festsetzung der polnischen Grenzen blieb späteren Entscheidungen vorbehalten. Am 5. November gaben die beiden Gouverneure in Warschau und Lublin gleichzeitig die Bildung des Königreichs Polen bekannt.

Bei seinem Treffen mit Bethmann Hollweg im Oktober regte Burián eine gemeinsame Friedensinitiative der Mittelmächte an. Darüber wurde in der Folge eingehend zwischen Deutschland, Österreich-Ungarn, dem Osmanischen Reich und Bulgarien gesprochen. Man stellte einen Zielkatalog auf. Die polnische Frage war dabei kein Diskussionsgegenstand mehr. Teile Kurlands und Litauens sollten mit dem Reich in Verbindung gebracht werden, Österreich-Ungarn sollte auf Kosten Rumäniens, Serbiens und Montenegros Gebietszuwachs erhalten, das restliche Montenegro Albanien zugeschlagen werden. Österreich sollte Italien gewisse territoriale Konzessionen machen. Für den Westen wurden Korrekturen an der deutsch-französischen Grenze bedacht. Belgien sollte Deutschland Garantien für die Sicherheit geben, Luxemburg als Gliedstaat in das Reich eintreten. Der deutsche Kolonialbesitz in Afrika sollte abgerundet werden. Erfolgen sollte der Friedensschritt zu einem Zeitpunkt, an dem er nicht als Schwäche ausgelegt werden konnte.

Das war nach dem erfolgreichen Feldzug gegen Rumänien der Fall. Am 12. Dezember ließen die Mittelmächte den Kriegsgegnern über neutrale Staaten gleichlautende Noten überreichen und schlugen vor, „alsbald in Friedensverhandlungen einzutreten und dem Kampf ein Ende zu machen". Sie würden dabei Vorschläge unterbreiten, die ihrer Überzeugung nach „eine geeignete Grundlage für die Herstellung eines dauerhaften Friedens" bildeten. Dieser Schritt wurde in den vier Staaten sogleich der Öffentlichkeit bekannt gegeben. Bethmann Hollweg tat das im Reichstag noch am 12. Dezember. Er erklärte, dass die verbündeten Mächte furchtlos weiterkämpfen würden, wenn der Krieg „trotz dieses Anerbietens zu Frieden und Versöhnung" fortdauern sollte. „Heute stellen wir die Menschheitsfrage des Friedens. Wie die Antwort unserer Feinde lauten wird, warten wir in Ruhe ab."[38] Die mit dem 30. Dezember 1916 datierte, aber erst Anfang Januar 1917 übergebene Antwortnote der Alliierten war schroff ablehnend. Die unrichtige Behauptung der Mittelmächte, sie hätten zur Verteidigung ihres Daseins zu den Waffen gegriffen, genüge, jeden Verhandlungsversuch zur Unfruchtbarkeit zu verurteilen. Deutschland und Österreich-Ungarn seien die Friedensbrecher. Die Note der Mittelmächte ziele darauf, die öffentliche Meinung der Neutralen zu verwirren und den Alliierten einen deutschen Frieden aufzuzwingen, sie übergehe die deutsche Schuld am Kriege, schätze die realen Stärkeverhältnisse falsch ein und weiche der Einsicht aus, dass „Deutschland und seine Verbündeten" für alles, was sie begangen hätten, „Sühne, Wiedergutmachung und Bürgschaften" geben müssten.[39] Auch das Vermittlungsangebot Wilsons vom 18. Dezember lehnten die Alliierten ab. In ihrer gemeinsamen Note sagten sie am 10. Januar 1917, es sei derzeit unmöglich, einen Frieden zu schließen, der ihren Vorstellungen entspreche: Wiederherstellung Belgiens, Serbiens und Montenegros, Zurückgabe der Gebiete, die früher den Alliierten geraubt worden seien, also Elsass-Lothringens, Unterstellung der polnisch besiedelten Teile

---

38 Verhandlungen des Reichstags / Stenographische Berichte des Reichstags, Bd. 308, S. 2331 f., auch in: Fenske, Unter Wilhelm II., S. 451–454
39 Hohlfeld, Dokumente, Bd. 2: Das Zeitalter Wilhelms II. 1890–1918, S. 338–340

Deutschlands und Österreich-Ungarns unter russische Herrschaft, „Befreiung der Italiener, Slawen, Rumänen, Tschechen und Slowaken von der Fremdherrschaft" und Befreiung der Bevölkerungen, „welche den blutigen Tyranneien der Türken unterworfen sind, sowie die Entfernung des Osmanischen Reiches aus Europa."[40] Unumwunden wurde damit die Zerschlagung der beiden multiethnischen Reiche in Südosteuropa und Vorderasien gefordert. Feierlich legten die Alliierten sodann Verwahrung dagegen ein, dass die Mittelmächte als die allein am Kriege Schuldigen gleichberechtigt an Friedensverhandlungen teilnehmen durften.

Wilson ließ sich durch die alliierte Absage nicht entmutigen und warb in einer Rede vor dem Senat am 22. Januar neuerlich für einen Frieden ohne Sieg. Dabei verlangte er die Schaffung eines Völkerbundes zur Sicherung des Friedens, der Freiheit der Meere und der weltweiten Demokratisierung sowie die Schaffung eines selbstständigen Polen. Im Gespräch mit dem deutschen Botschafter bot er Ende Januar nochmals seine guten Dienste für einen Ausgleich zwischen den Gegnern an, bat um die Mitteilung der deutschen Vorstellungen zum Frieden und sagte, dass er die Bedingungen der Alliierten für unmöglich halte, meinte aber zugleich, deren Katalog sei ein Bluff. Die deutsche Stellungnahme sprach von der Gewinnung einer Deutschland und Polen gegen Russland sichernden Grenze, von der Verständigung über koloniale Fragen und vom prinzipiellen Festhalten an der deutsch-französischen Grenze unter Vorbehalt gewisser Korrekturen, sagte die Wiederherstellung Belgiens unter Garantien für die Sicherheit Deutschlands zu und verwies auf die Notwendigkeit eines wirtschaftlichen und finanziellen Ausgleichs zwischen den Kriegführenden. Sie verlangte den Verzicht auf alle wirtschaftlichen Abmachungen, die ein Hindernis für die Wiederherstellung des normalen Handelsverkehrs sein könnten, die Verbürgung der Freiheit der Meere und die Schadloshaltung der durch den Krieg im Ausland geschädigten deutschen Unternehmen und Privatpersonen. Zudem hieß es, dass sich die Ansichten der Verbündeten zum Frieden in einem ähnlichen Rahmen hielten. Das war insgesamt eine maßvolle Position.

---

40 Schulthess' Europäischer Geschichtskalender, 1917, Teil II, S. 377–379

Die USA im Kriege

Seine auf Ausgleich gerichtete Haltung modifizierte Wilson wenig später. Als das Deutsche Reich Anfang Februar wieder zum unbeschränkten U-Boot-Krieg überging, ließ er auf Drängen seines Außenstaatssekretärs Robert Lansing, der den Kriegseintritt der USA auf der Seite der Alliierten befürwortete, die diplomatischen Beziehungen zu Deutschland abbrechen. Dem Kongress sagte er am 2. Februar, dass er um die Ermächtigung zum Einsatz der für den Schutz der Amerikaner und ihrer friedlichen Unternehmungen auf dem offenen Meer nötigen Mittel bitten werde, falls amerikanische Schiffe oder Menschenleben in achtloser Übertretung des Völkerrechts oder der Gebote der Menschlichkeit verloren gingen. Er unterstrich jedoch, dass er keinen Krieg mit Deutschland wünsche. Die große Mehrheit der Amerikaner war seit dem Kriegsausbruch 1914 für Neutralität, sympathisierte aber überwiegend mit den Alliierten. Dazu trug auch bei, dass England sich durch die Zerstörung der deutschen Überseekabel eine Vorrangstellung bei der Nachrichtengebung verschafft hatte. Die umfangreichen Lieferungen von Kriegsmaterial an die Alliierten galten als selbstverständlicher Bestandteil des amerikanischen Handels, und der U-Boot-Krieg wurde, anders als die Blockade, sehr negativ bewertet.

Nach der deutschen Entscheidung, ihn wieder unbeschränkt zu führen, wurden sogleich Stimmen laut, die amerikanischen Handelsschiffe zu bewaffnen, auch im Kabinett. Am 26. Februar bat Wilson den Kongress um die Vollmacht dazu, betonte aber auch jetzt, dass er einen Kriegseintritt nicht erwäge. Sehr schädlich für die Einschätzung Deutschlands war das am 24. Februar vom britischen Geheimdienst aufgefangene und sogleich an die USA übermittelte Telegramm des Staatssekretärs des Auswärtigen Amtes Zimmermann an den deutschen Geschäftsträger in Mexiko. Darin ging es darum, ob nicht Mexiko und vielleicht auch Japan, das mit Mexiko durch einen Geheimvertrag verbunden war, auf deutscher Seite in den Krieg gezogen werden könnten. Als Lohn dafür könnte das Reich bei einem günstigen Verlauf darauf hinwirken, dass Mexiko die weite Region, die es nach dem Kriege mit den USA 1848 an seinen nördlichen Nachbarn verloren hatte, zurückerlange. Diese Idee war absonderlich. Mexiko war sehr instabil. Es wurde seit Jahren von heftigen inneren Gegensätzen erschüttert, die sich immer wieder gewaltsam entluden. In diese Konflikte hatten sich die USA gelegentlich auch militärisch eingemischt. Erst im November 1916 waren die 1915 nach Mexiko entsandten Truppen wieder abgezogen worden. Der Beschluss der Regierung zur Bewaffnung der Handelsschiffe wurde am 12. März verkündet. Fünf Tage später fielen drei amerikanische Frachter U-Booten zum Opfer. Lansing verstärkte nun sein Drängen auf den Kriegseintritt und fand dafür im Kabinett eine Mehrheit. In diesem Sinne wirkte auch Oberst House auf den noch zögernden Präsidenten ein. Am 2. April trug Wilson dem Kongress vor, dass eine bewaffnete Neutralität undurchführbar sei, und bat um die Feststellung, dass das deutsche Vorgehen tatsächlich Krieg sei. Der Kongress möge deshalb die USA als Krieg führende Macht betrachten. Die Grundsätze des Friedens und der Gerechtigkeit in der Welt seien gegen eine selbstsüchtige und autokratische Macht zu verteidigen. Unter den wirklich freien und sich selbst regierenden Völkern müsse eine Vereinbarung zur dauernden Sicherung des Friedens getroffen werden. Die deutsche Regierung, die er deutlich vom deutschen Volk abhob, nannte Wilson einen natürlichen Feind der Freiheit. Dem Deutschen Reich verhieß er, die Vereinigten Staaten würden, „wenn nötig, die ganze Kraft der Nation dafür verwenden, seine Anmaßung und seine Macht im Zaum zu halten und zunichte zu machen. ... Wir freuen uns, jetzt ... für den endlichen Frieden der Welt und für die Befreiung ihrer Völker mit Einschluß des deutschen Volkes zu kämpfen." Die Rede gipfelte in dem Satz: „Die Welt muß für die Demokratie sicher gemacht werden." Eindringlich warb Wilson schließlich für einen Völkerbund.[41]

Beide Häuser des Kongresses billigten die Kriegserklärung an Deutschland mit großer Mehrheit, sie wurde am 6. April übermittelt. Die Kriegserklärung an Bulgarien folgte wenig später, die an die Donaumonarchie erst im Dezember.

---

41 Hohlfeld, Dokumente, Bd. 2: Das Zeitalter Wilhelms II. 1890–1918, S. 343–345

Zu einem großen Krieg fähig waren die USA im Frühjahr 1917 bei Weitem noch nicht, diesen Status erlangten sie erst 1918. Aber sofort begann die Mobilisierung der Heimatfront, um die Amerikaner auf die vom Präsidenten betriebene Politik einzuschwören und die Bereitschaft für die Meldung zum Kriegsdienst zu stimulieren – es bestand ja keine Wehrpflicht. Wilson berief ein Committee of Public Information, das eine intensive Propagandatätigkeit entfaltete. Durch verschiedene Gesetze wurde die Meinungsfreiheit empfindlich eingeschränkt; kein anderer am Kriege beteiligter Staat ging dabei so weit wie die USA. Die American Protection League hatte offiziell die Aufgabe, die Vereinigten Staaten gegen Spione und innere Feinde zu schützen. Innerhalb ganz kurzer Zeit entwickelte sich eine ausgeprägt antideutsche Stimmung, die sich in zahlreichen Diskriminierungen der Deutsch-Amerikaner äußerte und aus der viele Gewalttaten erwuchsen, bis hin zum Lynchmord. Allenthalben wurde das Bild der Deutschen in den düstersten Farben gezeichnet, das Wort „Kultur" gedieh zum Synonym für Barbarei. Im Winter 1917/18 wurden aus den öffentlichen Bibliotheken die deutschsprachigen Bücher und auch Bücher über Deutschland und Österreich in englischer Sprache aussortiert. In etlichen Städten wurden ausgewählte Titel oder größere Bestände im Rahmen patriotischer Feiern öffentlich verbrannt, Vorgänge, die in den anderen gegen Deutschland im Felde stehenden Staaten nicht zu verzeichnen waren. Wilson fand für all das kein mäßigendes Wort, sondern trug im Gegenteil mit mancher markigen Äußerung zur antideutschen Kampagne bei. So charakterisierte er einmal, am 31. August 1918, das Reich als verbrecherisch. Es unternehme ein Attentat auf alles, was freie Männer überall besitzen müssten, nämlich das Recht, das eigene Schicksal zu gestalten. „Es ist ein Krieg, die Nationen und Völker der Welt gegen jede solche Macht, wie die heutige deutsche Autokratie sie darstellt, zu sichern, ist ein Befreiungskrieg, und ehe er gewonnen ist, können die Menschen nirgends frei von Furcht leben."[42]

---

42 Deutscher Geschichtskalender, 34. Jg. Bd. II.1, Juli – September 1918, S. 340. Insgesamt: Tansill, Charles Callan: Amerika geht in den Krieg. Der Erste Weltkrieg als Türöffner nach Europa. Selent 2001 (amerik. Origi-

Die amerikanische Marine konnte sofort in den Krieg eingreifen. Die Stärke der Armee betrug im April 1917 nur 200.000 Mann. Mitte Mai erging das Gesetz über die Wehrpflicht für alle Männer zwischen 21 und 30 Jahren. Damit begann die Aufstellung eines Millionenheeres. Für den Transport dieser Streitmacht über den Atlantik wurde sogleich nach der Kriegserklärung der eilige Bau von 1.000 Schiffen gesetzlich verfügt.

Ab Oktober griffen erste amerikanische Einheiten in die Kämpfe in Frankreich ein, in großem Umfang geschah das erst 1918.

nal: New York 1938); Wüstenbecker, Katja: Deutsch-Amerikaner im Ersten Weltkrieg. US-Politik und nationale Identitäten im Mittleren Westen. Stuttgart 2007; Tuchman, Barbara W.: The Zimmermann Telegram. London 1958; New York 1985

Neue Friedensinitiativen

In Petrograd, wie die russische Hauptstadt seit 1914 hieß, kam es am 8. März 1917 zu Arbeiterunruhen. Die Bewegung weitete sich rasch aus, viele Truppenkörper verweigerten ihren Offizieren die Gefolgschaft. Am 16. März war Russland Republik. Die aus Liberalen bestehende neue Regierung Lwow verkündete sogleich ihren Willen zur Fortsetzung des Krieges und wurde von den Alliierten unverzüglich anerkannt. Die von ihr am 1. Juli in Ostgalizien begonnene Offensive erzielte anfänglich Erfolge, wurde aber bald von der österreich-ungarischen Armee mit deutscher Hilfe zum Stehen gebracht. In der Folge zogen sich die kampfesmüden russischen Truppen allmählich zurück, die Verbände der Mittelmächte rückten nach, ohne noch größere Angriffe zu beginnen. Der Krieg im Osten verlor sehr an Intensität.

Die in der Revolution gebildeten Arbeiter und Soldatenräte hatten sogleich erhebliches Gewicht. Mitte April sprach sich der Rätekongress für einen Frieden „ohne Annexionen und Entschädigungen"[43] aus und prägte damit eine Formel, die weit über die Grenzen Russlands hinaus beachtet und von Politikern der Linken wegen ihrer Griffigkeit gern aufgenommen wurde, von den Spitzengremien der SPD schon wenige Tage später. Am 19. April verabschiedeten deren Parteileitungen im Reich und Preußen einstimmig eine Resolution und bekundeten damit die Entschlossenheit der deutschen Arbeiterklasse, Deutschland als freies Staatswesen aus dem Krieg hervorgehen zu lassen. Sie sprachen ihre leidenschaftliche Anteilnahme am Sieg der Revolution in Russland aus und bekannten sich vorbehaltlos zum Frieden „ohne Annexionen und Entschädigungen", zum „klaren Verzicht auf jede Eroberungspolitik" und zu einem durch einen Völkerbund und obligatorische Schiedsgerichtsbarkeit zu sichernden künftigen Weltfrieden.[44] Bei der Vorkonferenz zum Stockholmer Sozialistenkongress, zu der Abgesandte aus den Entente-

---

43 Schulthess' Europäischer Geschichtskalender, 1917, Teil II, S. 674 f.
44 Schulthess' Europäischer Geschichtskalender, 1917, Teil I, S. 429 f.

Staaten nicht erschienen, legte die SPD im Juni ihre Friedensvorstellungen in einem Memorandum dar: gegenseitiger Verzicht auf Annexionen und Entschädigungen, Wiederherstellung Belgiens, Verselbstständigung Russisch-Polens und Finnlands, völlige Integrität des Reiches, Verzicht auf Geheimdiplomatie, völkerrechtliche Absicherung des Weltfriedens, internationale Gerichtsbarkeit, Abrüstung. Der zum rechten Parteiflügel gehörende Abgeordnete Eduard David befasste sich in langer Rede mit der Frage, wer die Schuld am Kriege trage, und kam zu einem Befund, der die Schlüsse Sauerbecks und der neutralen Gelehrten von 1927 vorwegnahm. Den Staatsmännern der alliierten Mächte hielt er ihre „schwere Schuld an der Verlängerung des Krieges" vor, den deutschen Sozialdemokraten bescheinigte er, die Regierung „in allem, was sie zur Herbeiführung eines Friedens der Verständigung tat", unterstützt zu haben, den französischen Sozialisten und der englischen Arbeiterpartei warf er dagegen vor, mit ihren Regierungen durch dick und dünn zu gehen, selbst noch, nachdem diese sich zu einem imperialistischen Eroberungsprogramm bekannt hatten.[45] Von den bürgerlichen Parlamentariern trat besonders Matthias Erzberger für eine demonstrative Bekundung des Friedenswillens ein. Er wusste seit seinem Aufenthalt in Wien im April, dass der vor einigen Monaten auf den Thron gelangte Kaiser Karl und der nunmehrige Außenminister Czernin einen neuen Friedensschritt wünschten. In diesem Sinne wirkte er auf Bethmann Hollweg ein, und vor allem arbeitete er auf eine Entschließung des Reichstags zugunsten eines Ausgleichsfriedens hin. Sein Ziel erreichte er mit der Friedensresolution vom 19. Juli 1917. Mit deutlicher Mehrheit sprach sich der Reichstag für „einen Frieden der Verständigung und der dauernden Versöhnung der Völker" aus und erklärte, dass damit erzwungene Gebietsabtretungen und finanzielle wie wirtschaftliche Vergewaltigungen unvereinbar seien. Die Freiheit der Meere müsse sichergestellt werden. „Nur der Wirtschaftsfriede" werde „einem freundschaftlichen Zusammenleben der Völker den Boden bereiten." Die Schaffung inter-

---

45 David, Eduard: Wer trägt die Schuld am Kriege? Rede, gehalten vor dem holländisch-skandinavischen Friedenskomitee in Stockholm am 6. Juni 1917, Berlin 1917, S. 39

nationaler Rechtsorganisationen werde der Reichstag tatkräftig fördern.[46] Kein anderes Parlament legte während des Krieges ein solches Bekenntnis zum Frieden ab.

Die Oberste Heeresleitung (OHL) war gegen die Resolution. Bethmann Hollweg hielt sie zu diesem Zeitpunkt für unpassend und verlor deshalb das Vertrauen der Parteien, die die Resolution wollten. Am 13. Juli bat er um seinen Abschied. Sein sogleich ernannter Nachfolger Georg Michaelis sagte zu Beginn der Debatte am 19. Juli, Deutschland habe den Krieg nicht gewollt, es strebe nach einem ehrenhaften Frieden. Auf dem Wege einer Verständigung wolle es eine Garantie seiner Lebensbedingungen auf dem Kontinent und in Übersee. Er bekannte sich zu einer dauernden Versöhnung der Völker und wandte sich gegen alle Maßnahmen für eine wirtschaftliche Absperrung. Diese Ziele seien im Rahmen der Resolution zu erreichen. Die Kommentierung dieses Vorgangs in den Staaten der Entente hatte mit den Tatsachen nichts zu tun. Lloyd George brachte es am 21. Juli fertig, aus der Rede des neuen Kanzlers die deutsche Entscheidung für den Krieg herauszulesen. Sie enthalte Sätze, die seit 1914 Europa mit Blut getränkt hätten, verweise auf Annexionen ringsum, einen falschen Frieden für Europa und auf eine festere Begründung der deutschen Autokratie. Gewiss war Michaelis' Rede kein striktes Bekenntnis zum Status quo ante, aber der Hinweis auf die Garantie der Lebensbedingungen musste keineswegs als Verlangen nach Gebietsgewinn verstanden werden, es konnte sich dabei auch um vertragliche Bindungen handeln. In diese Richtung gingen die Überlegungen des Kanzlers bei seiner steten Auseinandersetzung mit der OHL, die an expansiven Vorstellungen festhielt, und in den Gesprächen mit Österreich-Ungarn. Dass Michaelis bei den Kriegszielen zur Zurückhaltung neigte, zeigt auch die deutsche Stellungnahme zur Friedensinitiative des Papstes. Am 1. August forderte Benedikt XV. die Kriegführenden zu Friedensverhandlungen auf und nannte dabei als Leitlinien den Vorrang der moralischen Macht vor der Gewalt der Waffen, die gleichmäßige

---

46 Huber, Dokumente zur deutschen Verfassungsgeschichte, Bd. 3, S. 191. Vgl. auch Ribhegge, Wilhelm: Frieden für Europa. Die Politik der deutschen Reichstagsmehrheit 1917–18. Essen 1988.

Abrüstung, die Errichtung einer obligatorischen Schiedsgerichtsbarkeit für alle zwischenstaatlichen Streitfälle, die Freiheit der Meere, den gegenseitigen Verzicht auf Kriegsentschädigungen, die Rückgabe aller besetzten Gebiete, namentlich die Wiederherstellung der vollen Unabhängigkeit Belgiens, und die Regelung aller territorialen Fragen „in versöhnlichem Geist".[47] Schon vor der offiziellen Übergabe der Note hatte sich die Reichsleitung aufgeschlossen für diese Vorstellungen gezeigt. Zu Beginn der deutschen Antwort vom 19. September hieß es, Kaiser Wilhelm II. erblicke im jüngsten Schritt des Papstes „einen neuen Beweis edler und menschenfreundlicher Gesinnung" und hege „den lebhaften Wunsch, daß zum Heile der ganzen Welt dem päpstlichen Ruf Erfolg beschieden sein möge". Mit besonderer Sympathie begrüßte die kaiserliche Regierung den Gedanken, dass künftig an die Stelle der Gewalt der Waffen die moralische Macht des Rechts treten sollte. Sie sprach sich für die Einführung eines verbindlichen Schiedsverfahrens für internationale Streitigkeiten und für Rüstungsbegrenzungen aus.[48] Als Berlin sich in diesem Sinne äußerte, hatten die Alliierten dem Vorschlag des Papstes schon längst eine ablehnende Antwort erteilt, in besonders schroffer Form Wilson. Die deutsche Antwort ging sogleich an die Presse. Damit war der künftige Kurs der Reichsregierung abgesteckt. Hinter die hier gemachten Aussagen konnte sie nicht zurückgehen, wollte sie sich nicht unglaubwürdig machen.

---

47 Schulthess' Europäischer Geschichtskalender, 1917, Teil II, S. 538–540
48 Hohlfeld, Dokumente, Bd. 2: Das Zeitalter Wilhelms II. 1890–1918, S. 362–364. Vgl. auch Steglich, Wolfgang: Die Friedenspolitik der Mittelmächte 1917/18, Bd. 1, Wiesbaden 1964.

Waffenstillstand und Friedensschlüsse im Osten

Nach der Revolution im Frühjahr 1917 gelang die Stabilisierung der inneren Verhältnisse in Russland nicht, vielmehr dauerte die Gärung an, und bei den nichtrussischen Nationalitäten wurde der Wunsch nach Autonomie laut. In der Ukraine riss Ende Juni ein lokaler Rat die Macht an sich, er bekam am 16. Juli die Autonomie des Landes offiziell zugestanden. Finnland, dessen Sonderstellung von 1899 bis 1910 schrittweise beseitigt worden war, erhielt seinen früheren Status zurück und machte sich im Juli faktisch unabhängig. Die Esten erreichten im April die administrative Zusammenfassung ihres Siedlungsgebietes und weitgehende Selbstverwaltung. Auch bei den Letten, die seit 1915 zum Teil unter deutscher Besatzung lebten, gab es starke Tendenzen auf vermehrte Selbstständigkeit, allerdings zeigte sich die Provisorische Regierung in Petrograd ihnen gegenüber weniger konziliant als gegenüber den Esten. Ganz innerhalb des deutschen Besatzungsgebietes lag der litauische Siedlungsraum. In Petrograd bildete sich bald nach der Revolution ein litauischer Nationalrat, dem Ministerpräsident Lwow weitgehende Zusagen machte. Ein litauischer Landtag, der im Mai in Petrograd zusammentrat, verlangte einen unabhängigen Staat. Das russische Reich war, das zeigte sich seit dem Frühjahr 1917 deutlich, schwerlich in der bisherigen Form zusammenzuhalten.

Von der Bevölkerung hatten die Bolschewiki, deren Führung im April mit deutscher Hilfe aus dem Schweizer Exil zurückgekehrt war, nur eine Minderheit hinter sich. Eine bolschewistische Erhebung im Juli misslang, aber am 6. November hatte ein neuerlicher Putsch in Petrograd Erfolg, die Regierung wurde verhaftet, nur der im Juli ins Amt gekommene Ministerpräsident Kerenski konnte entkommen. Das neue Machtzentrum wurde der am 7. November gebildete Rat der Volkskommissare unter Vorsitz Lenins. Der Rat ließ die seit Längerem für den 25. November angesetzten Wahlen zu einer konstituierenden Nationalversammlung wie geplant durchführen; ganz frei waren sie nicht. Die Wahlbeteiligung lag bei knapp 50 Prozent. Die Sozialrevolutionäre, eine radikaldemokratische Partei mit weitgehenden sozialpolitischen Forderungen, allen voran die nach Sozialisierung von Grund und Boden, erlangten die Mehrheit, die Bolschewiki erhielten nur ein Viertel der Stimmen und die entsprechende Zahl der Abgeordneten. Lenin zögerte nicht, die Versammlung alsbald nach ihrem Zusammentritt auflösen zu lassen. Das wichtigste Resultat ihrer so kurzen Arbeit war eine Resolution an die Regierungen der Verbündeten, in der sie den unbeirrbaren Willen des Volkes zur sofortigen Beendigung des Krieges und zum Abschluss eines allgemeinen gerechten Friedens aussprach, dessen Bedingungen für alle beteiligten Völker annehmbar sein sollten. Separate Friedensverhandlungen nur mit den Mittelmächten lehnte sie ab.

Auch für den Rat der Volkskommissare war die Beendigung des Krieges die vordringlichste Aufgabe. Am Abend des 9. November sagte Lenin vor dem Rätekongress, der Rat werde den Völkern aller Krieg führenden Staaten den Frieden auf der Grundlage der Sowjetbedingungen anbieten: „Keine Annexionen, keine Kriegsentschädigungen, Selbstbestimmungsrecht aller Völker." Die während des Krieges geschlossenen Geheimverträge erklärte er für ungültig und kündigte ihre Veröffentlichung an. Dann verlas er das Dekret über den Frieden, das die soeben genannten Grundsätze genauer erläuterte. Eine Annexion war danach nicht nur ein Gebietswechsel ohne Zustimmung der betroffenen Bevölkerung, sie war auch gegeben, wenn eine Völkerschaft in einem Staat festgehalten und ihr das Recht verweigert wurde, frei über ihre staatliche Existenz zu entscheiden.[49] Das Dekret über den Frieden war ein Appell an alle Krieg führenden Staaten, sofort Waffenstillstand zu schließen, aber keine alliierte oder assoziierte Regierung ging darauf ein. Die Westmächte protestierten über ihre Militärmissionen in Petrograd gegen jede Verletzung der 1914 getroffenen Absprache über den Ausschluss eines Sonder-

---

49 Reed, John: Zehn Tage, die die Welt erschütterten. Berlin [21]1988 (amerik. Orig. 1919), S. 182, das Dekret S. 182–185. Insgesamt: Altrichter, Helmut: Rußland 1917. Ein Land auf der Suche nach sich selbst. Paderborn 1997, bzw. Rußland 1917. Das Jahr der Revolutionen. Zürich 1997; Baumgart, Winfried: Deutsche Ostpolitik 1918. Von Brest-Litowsk bis zum Ende des Ersten Weltkrieges. München 1966.

friedens. Und als der Oberbefehlshaber Ost des deutschen Heeres am 27. November seine Bereitschaft zu einem Waffenstillstand erklärte, beachteten die Alliierten die russische Anfrage, ob sie sich daran beteiligen wollten, nicht. Nach kurzen Verhandlungen wurde am 4. Dezember für die Ostfront ein für die Zeit vom 6. bis zum 17. Dezember geltender Waffenstillstand mit ausschließlich militärischen Bestimmungen vereinbart. Er wurde am 15. Dezember durch einen Waffenstillstandsvertrag zwischen Russland und den Mittelmächten ersetzt, dessen Ziel die „Herbeiführung eines dauerhaften für alle Teile ehrenvollen Friedens" war. Nach dem 21. Tag konnte er mit einer Woche Frist gekündigt werden. Geschah das nicht, galt er weiter, „bis eine der Parteien ihn mit siebentägiger Frist kündigt".[50] Reichskanzler Hertling, der seit dem 1. November 1917 im Amt war, hielt es für geboten, in einem Präliminarfrieden nur die wesentlichen Bestimmungen zu treffen und alle Detailfragen einem später auszuhandelnden endgültigen Friedensvertrag vorzubehalten. Ein anderes Vorgehen schien ihm wegen der mangelnden Schulung der nunmehrigen Machthaber in Russland nicht sinnvoll. Die Konferenz sollte in Brest-Litowsk, dem Sitz des Oberkommandos Ost, stattfinden, die deutsche Delegation vom Staatssekretär des Auswärtigen Amtes Kühlmann geleitet werden. Hertling und Kühlmann waren sich einig, dass das zentrale deutsche Ziel die Herauslösung Kurlands, Litauens und Kongresspolens aus dem russischen Staatsverband sei. Diese Länder sollten über ihre künftige völkerrechtliche Stellung selbst entscheiden. Gegen den Wunsch der Obersten Heeresleitung, Litauen und Kurland in eine Personalunion mit Preußen zu bringen und sie so indirekt an das Reich zu binden, hatte Kühlmann schwerste Bedenken, ebenso gegen die Überlegung, Livland und Estland in die deutsche Interessensphäre zu ziehen. Für die von der OHL verlangten umfangreichen Grenzkorrekturen zulasten Polens war er nicht zu haben.

Jede der Mittelmächte entsandte zu der Konferenz nur einen Delegierten, das Reich Kühlmann, Österreich-Ungarn Czernin, aber sie hat-

---

50 Deutsch-sowjetische Beziehungen von den Verhandlungen in Brest-Litowsk bis zum Abschluß des Rapallo-Vertrags. Bd. 1: 1917–1918, Berlin 1967, S. 112–117, Zitat S. 112

ten natürlich Beraterstäbe zur Seite. Leiter der russischen Delegation war Adolf Joffe. Beraten wurde in wenigen Voll- und zahlreichen Kommissionssitzungen, zudem gab es viele bilaterale Gespräche. In der ersten Vollsitzung am 22. Dezember legte die russische Delegation ihre Vorstellungen dar und hielt sich dabei streng an das Dekret über den Frieden. Es sollte keine erzwungenen Gebietsveränderungen geben, die Selbstständigkeit der Völker sollte wiederhergestellt werden, die diesen Status im Krieg verloren hatten, und nationale Gruppen, die keine Selbstständigkeit besaßen, sollten ihren Willen in Volksabstimmungen äußern. Für Gebiete, in denen verschiedene Nationalitäten nebeneinander lebten, sollten Minderheitenschutzverträge geschlossen werden. Kriegskosten sollten nicht erstattet, bereits erhobene Kontributionen zurückgezahlt werden. Auch für die Regelung kolonialer Fragen sollten die Prinzipien des Dekrets über den Frieden maßgeblich sein. All das war ersichtlich an die ganze Welt gerichtet – auf Wunsch der russischen Delegation fanden die Verhandlungen öffentlich statt. In der zweiten Vollsitzung trug Czernin am 25. Dezember den Standpunkt der Mittelmächte vor. Er nannte die Leitsätze des russischen Vorschlags eine diskutable Grundlage für einen allgemeinen gerechten Frieden und schloss sich der von der russischen Delegation ausgesprochenen Verurteilung einer Fortsetzung des Krieges „nur zu Eroberungszwecken" an. Dann erklärte er, dass sich alle am Kriege beteiligten Mächte „innerhalb einer angemessenen Frist ausnahmslos und ohne jeden Rückhalt zur genauesten Beachtung der alle Völker in gleicher Weise bindenden Bedingungen verpflichten" müssten, wenn die Voraussetzungen der russischen Darlegung erfüllt sein sollten. Es gehe nicht an, dass die jetzt mit Russland verhandelnden Vierbundmächte sich einseitig auf diese Bedingungen festlegten, ohne die Gewähr dafür zu haben, dass Russlands Bundesgenossen sie ehrlich auch gegenüber dem Westen anerkennen würden.[51] Auf russischen Vorschlag beschloss man, den Alliierten für eine entsprechende Äußerung eine Frist von zehn Tagen zu setzen. Ein Appell des Volkskommissars für Auswärtiges, Trotzki, an die Regierungen der Krieg führenden Völker

---

51 Ebd., S. 216

am 30. Dezember, sich an den Friedensverhandlungen zu beteiligen, blieb ohne jede Resonanz.

In der Politischen Kommission legte Kühlmann am 27. und 28. Dezember den sehr kurz gefassten Entwurf der deutschen Delegation für den Friedensvertrag vor und hoffte dabei, auch für die Donaumonarchie zu sprechen. Der erste der 16 Artikel statuierte die Beendigung des Kriegszustandes und bekundete die Entschlossenheit der beiden Mächte, „fortan in Frieden und Freundschaft zusammenzuleben". Des Weiteren sah er die Räumung des besetzten russischen Gebiets unmittelbar nach dem Friedensschluss und der Demobilisierung der russischen Streitkräfte vor. Ausdrücklich wurde auf Einschränkungen nach Art. II verwiesen. Dort ging es um die territorialen Regelungen. Erinnert wurde an das vom Rat der Volkskommissare proklamierte Selbstbestimmungsrecht, sodann die Verpflichtung ausgesprochen, die russische Regierung habe Kenntnis zu nehmen von dem auf den Volkswillen gestützten Beschluss, „für Polen sowie für Litauen, Kurland, Teile von Estland und Livland die volle staatliche Selbstständigkeit in Anspruch zu nehmen und aus dem russischen Reichsverband auszuscheiden". Die übrigen Artikel regelten das Wiederinkrafttreten der vor dem Kriege bestehenden Verträge und setzten fest, dass der Krieg auch auf wirtschaftlichem Gebiet beendet sein sollte. Art. X enthielt den wechselseitigen Verzicht auf den Ersatz der Kriegskosten und der der Bevölkerung entstandenen Kriegsschäden.[52] Nach der Sitzung am 28. Dezember wurde die Konferenz unterbrochen, um die Reaktion der Alliierten abzuwarten und der russischen Delegation Gelegenheit zur Berichterstattung in Petrograd zu geben.

Auf den am 2. Januar 1918 von Joffe telegrafisch ausgesprochenen Wunsch, die Verhandlungen auf neutralem Boden, in Stockholm, fortzusetzen, ließen die Mittelmächte sich nicht ein, weil sie fürchteten, dass den Westmächten damit gute Gelegenheiten zu störendem Eingreifen gegeben würden. In einer informellen Unterredung Kühlmanns und Czernins mit einer aus Kiew angereisten ukrainischen Delegation am 4. Januar ergab sich, dass die Ukrainer bereit waren, selbstständig über den

---

52 Ebd., S. 206 f.

Frieden zu verhandeln. Sie erläuterten, was sie unter Ukraine verstanden. Zwei Tage später wurde das Gespräch unter Beteiligung aller Delegationsmitglieder des Vierbundes fortgesetzt. Die Sprecher der Ukraine legten dar, dass die Zentralrada in Kiew am 20. November 1917 für die Ukraine die volle Souveränität in Anspruch genommen habe, aber für einen Wiederaufbau Russlands in föderativer Form zu gewinnen gewesen wäre. Die russische Regierung gehe aber nicht in diese Richtung. So erklärte die Delegation „kategorisch und mit Bestimmtheit, daß der Rat der Volkskommissare über die Ukraine keine Gewalt habe und daß seine Macht von der Ukraine nicht anerkannt wird". Sie bat die Mittelmächte, bei der Friedenskonferenz eine selbstständige Rolle spielen zu dürfen. Schließlich verwies sie darauf, dass Frankreich die Unabhängigkeit der Ukraine bereits anerkannt habe.[53] Die dritte Vollsitzung der Konferenz fand am 9. Januar statt, die russische Delegation stand nun unter Leitung von Leo Trotzki. Am nächsten Tag erklärte die ukrainische Delegation vor dem Plenum, die Ukraine nehme in diesem Augenblick ihre internationale Existenz wieder auf, die sie vor 260 Jahren verloren habe. Trotzki widersprach dem nicht. In der Folgezeit berieten die Spezialkommissionen in zahlreichen Sitzungen über Wirtschafts- und Finanzfragen. In der Politischen Kommission gab Trotzki lange Erklärungen ab und erweckte damit bei den Vertretern der Mittelmächte den Eindruck, dass es ihm nicht um einen Friedensschluss auf der mittleren Linie ging, sondern „um einen zur revolutionären Propaganda brauchbaren Abbruch" der Verhandlungen.[54] Trotzki ließ sich namentlich über die Unabhängigkeitsbekundungen im Baltikum aus und sprach von einem Missbrauch des Selbstbestimmungsrechts, von verschleiertem Annexionismus und von Imperialismus. Am 18. Januar teilte er im Politischen Ausschuss offiziell mit, dass er für etwa neun Tage nach Petrograd reisen müsse, um der russischen Regierung die Möglichkeit zu geben, über die von den Mittel-

---

53 Der Friede von Brest-Litowsk. Ein unveröffentlichter Band aus dem Werk des Untersuchungsausschusses der Deutschen Verfassungsgebenden Nationalversammlung und des Deutschen Reichstages, bearbeitet von Werner Hahlweg. Düsseldorf 1971, S. 216
54 Ebd., S. 369

mächten vorgelegten Friedensbedingungen zu entscheiden. Als Termin der nächsten Sitzung schlug er den 29. Januar vor. Das wurde angenommen.

Die bolschewistische Führung diskutierte über Trotzkis Bericht sehr kontrovers. Bucharin wollte es auf einen revolutionären Krieg ankommen lassen, die deutschen Truppen würden sich dann mit den revolutionierten russischen verbrüdern. Lenin hielt das für irreal, plädierte für die Unterzeichnung und betonte, dass seine Regierung dadurch die Hände frei bekomme für die Fortsetzung der sozialistischen Revolution. Der Friede werde nicht von langer Dauer sein. Trotzki schlug vor, den Krieg für beendet zu erklären, es aber abzulehnen, einen Frieden zu den Bedingungen der Mittelmächte zu unterzeichnen. Er bezweifelte, dass Deutschland den Krieg wieder aufnehmen werde. Tue es das aber doch, müsse man eben unter dem Druck der Bajonette unterschreiben. Für diesen Vorschlag fand er schließlich im engeren Kreis des Zentralkomitees eine knappe Mehrheit, er erhielt zugleich den Auftrag, die Unterzeichnung des Friedensvertrags mit allen Mitteln zu verzögern. Publizistisch machte die Sowjetregierung scharf Front gegen die Mittelmächte. In einem Funkspruch „An alle" hieß es am 23. Januar, die in Brest-Litowsk vorgeschlagenen Bedingungen stellten die ungeheuerlichsten Annexionen dar und zielten darauf, Russland „wirtschaftlich und politisch zu erdrosseln".[55] In Berlin und Wien zog man daraus den Schluss, dass die Russen nicht zu einem Friedensvertrag bereit seien und auf eine Revolution in Deutschland und Österreich-Ungarn hofften.

Während der Abwesenheit Trotzkis gingen in Brest-Litowsk die Verhandlungen in den Kommissionen weiter. Auch dabei machte sich die sowjetische Verzögerungstaktik bemerkbar. Dagegen waren die Erörterungen der deutschen und der österreich-ungarischen Delegation mit den Ukrainern konstruktiv. Allerdings war die Lage in der Ukraine ebenso wenig stabil wie im übrigen vormaligen Zarenreich. In Charkow bildete sich eine neue Rada, die zu den Bolschewiki hielt, und fand Anklang im Lande. Zwei ihrer Mitglieder erschienen am 21. Januar in Brest-Litowsk. Nach seiner Rückkehr aus Petrograd stellte Trotzki sie in

---

55 Ebd., S. 423

der Vollsitzung als Mitglieder seiner Delegation vor und erklärte, „daß ein mit der Delegation des Kiewer Sekretariats abgeschlossener Frieden ... keinesfalls bereits als ein Frieden mit der ukrainischen Republik angesehen werden kann."[56] Die Kiewer Delegation widersprach dem und verwies darauf, dass Trotzkis nunmehriger Standpunkt in völligem Widerspruch zu seinen früheren Erklärungen stehe. Die Mittelmächte setzten ihre Verhandlungen mit den Vertretern der Kiewer Rada fort. Am 9. Februar schlossen sie mit der Ukraine Frieden. Beide Seiten versprachen, fortan in Frieden und Freundschaft miteinander leben zu wollen. Die bisherige Grenze zwischen Österreich-Ungarn und der Ukraine wurde bestätigt und nördlich davon in großem Umriss festgelegt; eine Kommission sollte sie nach ethnischen Gesichtspunkten genauer bestimmen. Die Räumung des besetzten Gebietes sollte unverzüglich nach der Ratifikation des Vertrags erfolgen, die Entlassung der beiderseitigen Kriegsgefangenen wurde zugesagt und der wechselseitige Verzicht auf den Ersatz von Kriegskosten und Kriegsschäden ausgesprochen. Die weiteren Artikel betrafen den Wiederaufbau der wirtschaftlichen Beziehungen zwischen den Vertragspartnern. Unmittelbare Folge dieser Einigung war die diplomatische Anerkennung der Ukraine durch die Mittelmächte. Der Ministerpräsident des im Aufbau befindlichen Königreichs Polen erbat im Januar die Teilnahme von polnischen Delegierten an der Konferenz. Deutschland und die Donaumonarchie waren damit einverstanden, aber die russische Delegation lehnte das ab, da sie „weder die Selbständigkeit des polnischen Staates noch die Rechtmäßigkeit seiner gegenwärtigen Regierung anerkennen wollte".[57] Einige Tage später erbat Trotzki für einen polnischen Sozialisten als Mitglied seiner Delegation das Wort. Dieser verlangte die Vernichtung aller Schlagbäume zwischen den drei Teilen Polens und die Freiheit für die Polen, selbstständig über die Geschicke ihres Landes zu bestimmen, und erging sich in scharfen Ausfällen gegen die beiden Besatzungsmächte.

Während dieser Verhandlungen im Plenum und in der Politischen Kommission gaben Kühlmann und Czernin die Hoffnung nicht auf, dass

---

56 Ebd., S. 447
57 Ebd., S. 406 f.

Trotzki schließlich doch einlenken werde. Am 10. Februar aber erklärte Trotzki in der Politischen Kommission, dass der Krieg längst einen imperialistischen Charakter habe, in dem es um die Verteilung der Welt gehe. Das Verhältnis Russlands zu den imperialistischen Regierungen beider Seiten „ist dasselbe, und wir sind nicht mehr gewillt, das Blut unserer Soldaten zu vergießen für die Interessen der einen Partei gegen die andere. In Erwartung der, wie wir hoffen, baldigen Stunde, wo die unterdrückten Völker aller Länder ihr Schicksal selbst in die Hand nehmen werden, wie es das arbeitende Volk Rußlands gemacht hat, führen wir unser Volk und unser Heer aus dem Kriege heraus. ... Wir gehen aus dem Kriege heraus, wir benachrichtigen davon alle Völker und ihre Regierungen, wir geben den Befehl zur vollständigen Demobilisierung aller Armeen, die jetzt den Armeen Deutschlands, Österreich-Ungarns, Bulgariens und der Türkei gegenüberstehen." Er sprach die Hoffnung aus, dass die anderen Völker bald dem russischen Beispiel folgten, bezeichnete die von Deutschland und Österreich-Ungarn vorgeschlagenen Bedingungen als den Interessen aller Völker widersprechend und erklärte, dass Russland sich genötigt sehe, auf die Unterzeichnung eines Friedensvertrags zu verzichten.[58] Dann übergab er eine Note, die das formell aussprach und den Kriegszustand zwischen Russland und den Mittelmächten für beendet erklärte. Dagegen verwies Kühlmann darauf, dass der Kriegszustand nur durch den Waffenstillstand unterbrochen sei. Trotzki wiederholte seine Mitteilung und fügte hinzu, dass die praktischen Schwierigkeiten nach der Revolution in Deutschland und Österreich-Ungarn, auf die er hoffe, auf diesem oder jenem Wege gelöst werden könnten. Nun nannte Kühlmann es zweckmäßig, dass die Verbündeten die neue Sachlage untereinander berieten. Darüber werde Trotzki informiert werden. Dann hob er die Sitzung auf. Trotzki benachrichtigte sogleich den russischen Höchstkommandierenden und die Befehlshaber der russischen Armeen über den Sitzungsverlauf, weigerte sich, der Einladung zu einer weiteren Vollsitzung zu folgen, und reiste mit seiner Delegation ab. Der russische Oberkommandierende gab die Mitteilung aus Brest-Litowsk am 11. Februar an die Truppe weiter, ord-

---

58 Ebd., S. 538–540

nete die vollständige Demobilmachung an allen Fronten an und verbot jede kriegerische Handlung.

Nach längeren Beratungen in der deutschen Führung, an denen auch Hertling und Kühlmann im Großen Hauptquartier teilnahmen, wurde entschieden, nach Ablauf des Waffenstillstands wieder zu militärischen Operationen überzugehen, zumal im Norden, um in Livland Ruhe und Ordnung herzustellen; Kühlmann und Hertling hatten zunächst für ein Abwarten plädiert. Am 16. Februar gab das Auswärtige Amt bekannt, dass durch die einseitige russische Erklärung vom 10. Februar selbstverständlich nicht der Friedenszustand hergestellt sei. Das bolschewistische Russland habe vielmehr die Fortdauer des Waffenstillstandes preisgegeben. Das sei einer Kündigung gleichzusetzen. Das Deutsche Reich behalte sich demgemäß nach Ablauf der vertraglich vorgesehenen siebentägigen Kündigungsfrist freie Hand vor. Zwei Tage nach diesem Datum, am 19. Februar, nahmen die deutschen Truppen ihren Vormarsch wieder auf und stießen dabei kaum auf Widerstand. Der Rat der Volkskommissare protestierte unverzüglich, sprach aber seine Bereitschaft aus, „den Friedensvertrag zu den Bedingungen, die die Delegationen des Vierbundes in Brest-Litowsk vorgeschlagen haben, zu unterzeichnen".[59] In einem Aufruf an die Bevölkerung sprachen die Volkskommissare am 21. Februar von einem Raubüberfall der Hohenzollern und Habsburger, warfen den Arbeitern in Deutschland und Österreich-Ungarn vor, dass sie bisher nicht mit ihren Imperialisten fertig geworden seien, und attackierten die Westmächte wegen ihres Eingreifens in den russischen Bürgerkrieg – die Franzosen in Odessa, die Briten im Kaukasus. Schließlich forderten sie dazu auf, zur Wiederherstellung der Armee alle Kräfte anzuspannen. Ein von Lenin verfasstes Dekret rief zur rückhaltlosen Verteidigung der Sowjetrepublik „gegen die Heerhaufen des bürgerlich-imperialistischen Deutschlands" bis zu dem Zeitpunkt auf, „wo sich das Proletariat Deutschlands erhebt und siegt". Jede Stellung sollte bis zum letzten Blutstropfen verteidigt werden.[60] Wirkungen hatte das nicht. Am 22. Februar wurde einem russischen Parlamentär an der Front bei Düna-

---

59 Deutsch-sowjetische Beziehungen, Bd. 1: 1917–1918, S. 416
60 Ebd., S. 423 f.

burg die Neufassung der Friedensbedingungen überreicht; die Oberste Heeresleitung hatte in sie ihre Vorstellungen stärker einbringen können als bis dahin. Der Text knüpfte bei den rechtlichen, wirtschaftlichen und finanziellen Fragen an den in Brest-Litowsk erreichten Stand an. Eingangs hieß es auch jetzt, dass Deutschland und Russland fortan in Frieden und Freundschaft miteinander leben wollten. Es folgte zur Territorialfrage die am 9. Februar vorgelegte Formel sowie die deutsche Räumungszusage für das östlich dieser Linie gelegene Gebiet. Sodann wurde die Verpflichtung Russlands vorgetragen, seine Truppen und die Rote Garde aus Livland und Estland abzuziehen – an ihre Stelle sollte eine deutsche Polizeimacht treten –, mit der Ukraine und Finnland sofort Frieden zu schließen, die Unabhängigkeit der beiden Staaten anzuerkennen und deren Gebiet von russischen Truppen zu räumen. Daran schlossen sich Vorschriften über Sperrgebiete in der Ostsee und über die Rückgabe Ostanatoliens an das Osmanische Reich an. Russland sollte sich zudem verpflichten, jede Propaganda gegen die vier verbündeten Regierungen einzustellen. Die Mittelmächte wollten nicht nochmals eine wochenlange Verzögerungstaktik erleben. So sagte Art. 10: „Vorstehende Bedingungen sind in 48 Stunden anzunehmen. Russische Bevollmächtigte haben sich unverzüglich nach Brest-Litowsk zu begeben und dort binnen drei Tagen den Frieden zu unterzeichnen, der innerhalb weiterer zwei Wochen ratifiziert sein muß."[61] Wiederum gab es in der Sowjetführung heftige Auseinandersetzungen über den Friedensschluss. Trotzki legte sein Amt als Kommissar für Auswärtiges nieder. Mit knapper Mehrheit fiel in der Nacht zum 24. Februar die Entscheidung für die Unterzeichnung. Das wurde den Mittelmächten unverzüglich mitgeteilt. Die russische Delegation, nun unter Leitung des ZK-Mitglieds Sokolnikow, traf am Nachmittag des 28. Februar in Brest-Litowsk ein. Da Kühlmann und Czernin in Bukarest weilten, wurden ihre Delegationen nun von Botschaftern geleitet. In den Sitzungen vom 1. bis 3. März blieb es im Wesentlichen bei der Abgabe von Grundsatzerklärungen. Gleich eingangs sagte Sokolnikow, der Friedensschluss erfolge „in einer Atmosphäre der Gewalt, wie die Geschichte sie noch nicht"

---

61 Der Friede von Brest-Litowsk, S. 589 f.

gekannt habe.[62] Ausführlicher diskutiert wurde nur die Kaukasus-Problematik.

Am Nachmittag des 3. März wurde der Friedensvertrag von Brest-Litowsk zwischen Deutschland, Österreich-Ungarn, Bulgarien und dem Osmanischen Reich einerseits und Russland andererseits unterzeichnet. Der Hauptvertrag umfasste vierzehn Artikel, dazu kamen ein Zusatzvertrag und weitere Anlagen zu rechtlichen, wirtschaftlichen und finanziellen Fragen. Der Text des Hauptvertrags folgte der Vorlage der Mittelmächte vom Dezember und den Ergänzungen vom 21. Februar und enthielt zudem einige Bestimmungen, die erst jüngst auf Wunsch des Osmanischen Reiches formuliert worden waren. In Art. IV Abs. 3 wurde Russland auferlegt, die Bezirke von Ardahan, Kars und Batum im Kaukasus zu räumen und sich in die Neuordnung der staats- und völkerrechtlichen Verhältnisse in dieser Region nicht einzumischen. Nach Art. VII musste es sich verpflichten, die politische und wirtschaftliche Unabhängigkeit und die territoriale Integrität Persiens und Afghanistans anzuerkennen. Die Anlagen entsprachen dem, was in den Kommissionsverhandlungen bis zum Februar festgelegt worden war. Der Vertrag sollte baldmöglichst ratifiziert werden. Das geschah noch im März.

Wenige Tage später kam am 7. März auch ein Friedensvertrag mit Finnland zustande – das Land hatte sich am 6. Dezember 1917 für unabhängig erklärt, seit einigen Wochen versuchten dort Linksradikale mit Unterstützung aus Russland gewaltsam eine Sowjetrepublik zu schaffen. Auf die Feststellung, dass kein Kriegszustand zwischen den Vertragspartnern bestehe, folgte die Formel vom künftigen Zusammenleben in Frieden und Freundschaft. Ein Zusatzabkommen enthielt die nötigen Regelungen über wirtschaftliche und rechtliche Fragen. Zugleich sagte das Deutsche Reich Finnland Hilfe gegen die drohende Bolschewisierung zu und entsandte drei Wochen später eine Division dorthin; sie hatte wesentlichen Anteil daran, dass der Umsturzversuch bis Anfang Mai niedergeschlagen wurde.

Über einen Friedensvertrag mit Rumänien sprachen die Mittelmächte ab dem 24. Februar in Bukarest. Nach langwierigen Beratungen kam es

---

62 Ebd., S. 644

am 7. Mai zum Abschluss, auch dabei wurde der Hauptvertrag durch Zusatzverträge ergänzt. Rumänien musste die Dobrudscha an Bulgarien abtreten und Grenzkorrekturen zugunsten der Donaumonarchie hinnehmen. Es wurde der Verzicht auf die Erstattung von Kriegskosten ausgesprochen, nicht aber auf den Ersatz von Kriegsschäden. Nach dem Vertrag von Brest-Litowsk waren zahlreiche Fragen der öffentlichen und privaten Rechtsbeziehungen, der Austausch der Kriegsgefangenen und anderes in Einzelverträgen zu regeln. Zwischen dem Deutschen Reich und Russland wurde darüber seit dem 8. Juni in Berlin verhandelt. Ende August wurde das Vertragswerk unterzeichnet. Es bestand aus einem Politischen Abkommen, einem Finanzabkommen, einem Privatrechtsabkommen und aus drei Geheimabkommen. Im Politischen Abkommen verzichtete Russland auf die Hoheit über Estland und Livland, das Deutsche Reich sagte zu, die politische Gestaltung dieser Gebiete im Einvernehmen mit der Bevölkerung zu regeln. Die Räumung der besetzten russischen Gebiete sollte nach dem Abschluss des allgemeinen Friedens erfolgen. Nach dem Finanzabkommen zahlte Russland für das im Krieg beschlagnahmte deutsche Privatvermögen 6 Mrd. Mark. Von dieser Summe waren allerdings Vergütungen für deutsche Requisitionen abzuziehen. Das Privatrechtsabkommen betraf Wechsel- und Scheckverpflichtungen, andere Geldgeschäfte und gewerblichen Rechtsschutz und die Einrichtung von Schiedsgerichten. In den Geheimverträgen sagte das Reich Russland Hilfe bei der Abwehr der Truppen der Westmächte im Murman-Gebiet und im Kaukasus zu. Diese Zusage war auf deutscher Seite nicht unumstritten. Vor allem der damalige deutsche Botschafter in Russland, Helfferich, sprach sich entschieden dagegen aus.

Über die Zukunft der drei Ostseeprovinzen Estland, Livland und Kurland wurde während der Zeit der deutschen Besetzung nicht definitiv entschieden. Noch Ende September 1918, nachdem Deutschland die Unabhängigkeit auch Livlands und Estlands anerkannt hatte – die Kurlands war schon Mitte März, nach dem Brest-Litowsker Frieden, ausgesprochen worden –, sagte Vizekanzler Payer in einer Sitzung des Haushaltsausschusses, der als Ersatz für das Reichstagsplenum diente, „es sei nicht beabsichtigt, die drei Länder selbständig fortbestehen zu lassen".

Wenn sie aufgrund des Selbstbestimmungsrechts den Anschluss an Deutschland suchten, würden von deutscher Seite keine Einwendungen erhoben werden.[63] Geplant war, sie zu einem Staatswesen zu verbinden, in dem, wie man hoffte, die deutschbaltische Oberschicht, die an der Bevölkerung einen Anteil von 7 Prozent hatte, eine gewichtige Rolle spielen würde. An den nötigen Verträgen wurde gearbeitet. Die Baltendeutschen waren überwiegend für eine solche Lösung, und auch in der übrigen Bevölkerung gab es Sympathien dafür. Aber die Mehrheit der Esten und Letten dachte doch anders, und ihre Sprecher taten das wiederholt kund, auch durch Mitteilungen an die Westmächte. Die in diesem Sinne tätigen estnischen Politiker erlangten so Anfang 1918 die faktische Anerkennung ihres noch gar nicht bestehenden Staatswesens durch Frankreich, Großbritannien und Italien und proklamierten unmittelbar vor dem Einmarsch deutscher Truppen in Reval am 24. Februar 1918 den Freistaat Estland, ein Schritt, der keine konkreten Folgen hatte. Für Litauen befürwortete Reichskanzler Hertling bereits am 28. November 1917 im Reichstag die Unabhängigkeit, und der indirekt gewählte litauische Landesrat verkündete am 11. Dezember die Wiederherstellung eines unabhängigen litauischen Staates mit der Hauptstadt Wilna; er wiederholte seinen Beschluss zehn Wochen später. Nachdem dieses Gremium zugesagt hatte, Litauen werde engste Beziehungen zum Deutschen Reich unterhalten und deshalb eine Währungs- und Zollunion eingehen sowie Verkehrs- und Militärkonventionen abschließen, anerkannte Kaiser Wilhelm II. am 23. März 1918 die Unabhängigkeit des Landes. Zum Aufbau eigener staatlicher Institutionen kam es aber einstweilen nicht, und die Wahl Herzog Wilhelms von Urach aus der katholi-

---

63 Der Hauptausschuß des Deutschen Reichstags 1915–1918, Bd.4: 191.–275. Sitzung 1918, Düsseldorf 1983, S. 2302 f. Vgl. Volkmann, Hans-Erich: Die deutsche Baltikumspolitik zwischen Brest-Litowsk und Compiègne. Ein Beitrag zur „Kriegszieldiskussion". Köln 1970; Pistohlkors, Gert von: Die historischen Voraussetzungen für die Entstehung der drei baltischen Staaten, in: Meissner, Boris (Hg.): Die baltischen Nationen. Estland, Lettland, Litauen. Köln 1990, S. 11–49; Conze, Werner: Polnische Nation und deutsche Politik im Ersten Weltkrieg. Köln 1958

schen Linie des Hauses Württemberg zum König im Juli erkannte die Reichsleitung nicht an; Wilhelm II. wünschte eine Personalunion mit Sachsen und hatte das dem sächsischen König schon versprochen. In Polen wurde nach der Proklamation des Königreichs im November 1916 im Januar 1917 ein Staatsrat mit 26 Mitgliedern gebildet, und bald darauf begann mit der Einrichtung von Departements der Aufbau von Ministerien. Ende Oktober wurde ein dreiköpfiger Regentschaftsrat unter dem Erzbischof von Krakau eingesetzt, er berief im November eine Regierung. Der Übergang der Verwaltung in polnische Hand vollzog sich nur langsam, und zwischen den deutschen Dienststellen und den Polen gab es vielerlei Spannungen, sodass die Einstellung der Polen zu Deutschland immer misstrauischer wurde. Die Regierung wurde vom Staatsrat wiederholt ausgewechselt.

Die letzte Phase des Krieges –
Zerfall der Donaumonarchie

Nach dem Ende des Krieges im Osten blieben zwar erhebliche Teile des deutschen Ostheeres dort stationiert, aber es wurden doch in größerem Umfang Kräfte für den Einsatz im Westen frei. Am 21. März 1918 begann an der Westfront eine groß angelegte deutsche Offensive. Sie sollte insbesondere die britische Armee treffen und Großbritannien damit gesprächsbereit machen. „Wir können uns erst mit den Engländern verständigen, wenn wir sie noch einmal geschlagen haben", sagte der Vertreter der Obersten Heeresleitung im Auswärtigen Amt dem badischen Thronfolger Prinz Max, der sich in diesen Wochen um eine neuerliche deutsche Friedensinitiative bemühte.[64] Eine Verständigung mit England musste schließlich auch Rückwirkungen auf Frankreich haben. Nach anfänglichen beträchtlichen Erfolgen musste diese in Deutschland so genannte „Große Schlacht" Anfang April abgebrochen werden. Weitere Angriffe brachten neuerliche Geländegewinne, deutsche Truppen kamen dabei bis 60 km vor Paris. Aber an der Wende vom Mai zum Juni kam die Offensive endgültig zum Stehen. Wesentlichen Anteil an dem Abwehrerfolg der Alliierten hatten jetzt die dem Kriegsschauplatz in großer Zahl zugeführten amerikanischen Truppen. Für ihren Transport über den Atlantik und für den Nachschub wurden im März die in amerikanischen Häfen liegenden niederländischen Schiffe requiriert, eine völkerrechtswidrige Nutzung des Gutes Neutraler. Der Mitte Juli eingeleitete französisch-amerikanische Gegenstoß drängte das deutsche Heer allmählich zurück; es erlitt dabei so schwere Verluste, dass an einen vollen Ersatz nicht mehr zu denken war, während die Amerikaner täglich rund 10.000 Mann nach Europa brachten. Die Oberste Heeresleitung gab sich aber noch der Hoffnung hin, „durch eine strategische Defensive

---

64 Prinz Max von Baden: Erinnerungen und Dokumente. Neu hg. von Golo Mann und Andreas Burckhardt. Stuttgart 1968, S. 235

den Kriegswillen des Feindes lähmen" zu können.[65] Erst als die Alliierten Mitte September bei ihrem Großangriff an der bulgarischen Front binnen kurzer Zeit beträchtliche Geländegewinne erzielten und Bulgarien damit nach zehn Tagen zu einem Waffenstillstandsersuchen brachten – es wurde als bedingungslose Kapitulation bewilligt, die am Monatsende in Kraft trat –, entschied sich die Oberste Heeresleitung am 28. September dazu, Präsident Wilson um die Vermittlung eines Waffenstillstands zu bitten. Das Auswärtige Amt und der Kaiser stimmten dem zu. Im Kronrat einigte man sich am nächsten Tag darauf, dass die Aussicht auf eine günstige Aufnahme der Bitte besser sei, wenn zuerst der Übergang zum parlamentarischen Regierungssystem vollzogen werde. Dazu war Hertling nicht bereit, er erbat seinen Abschied und bekam ihn am 30. September bewilligt. Für die Nachfolge wurde Prinz Max von Baden in Aussicht genommen. Der hielt ein übereiltes Waffenstillstandsangebot für unklug, weil es als Eingeständnis der Niederlage angesehen würde, und wollte in seiner Regierungserklärung ein neuerliches Friedensangebot machen. Er lenkte ein, als Generalstabschef Hindenburg ihm am 3. Oktober schrieb, es sei „geboten, den Kampf abzubrechen, um dem deutschen Volke und seinen Verbündeten nutzlose Opfer zu ersparen. Jeder versäumte Tag kostet Tausenden von tapferen Soldaten das Leben.[66] Nach seiner Ernennung zum Kanzler ließ er noch in der Nacht vom 3. auf den 4. Oktober über die Schweiz eine Note an Wilson abgehen. Er bat den Präsidenten, die Herstellung des Friedens in die Hand zu nehmen, alle Krieg führenden Staaten von diesem Ersuchen in Kenntnis zu setzen und sie zur Entsendung von Bevollmächtigten zur Anbahnung von Verhandlungen einzuladen. Als Grundlage der Friedensverhandlungen sollten die von Wilson am 8. Januar 1918 dem Kongress vorgetragenen Vierzehn Punkte und spätere programmatische Erklärungen die-

---

65 Das Werk des Untersuchungsausschusses ... der Verfassunggebenden Deutschen Nationalversammlung und des Deutschen Reichstages 1919–1926, 4. Reihe: Die Ursachen des Deutschen Zusammenbruchs im Jahre 1918, Bd. 2: Gutachten des Sachverständigen Oberst a. D. Bernhard Schwertfeger, Berlin 1925, S. 396 f.

66 Prinz Max von Baden, Erinnerungen, S. 334

nen, namentlich die in der Rede vom 27. September. Die Note schloss mit dem Satz. „Um weiteres Blutvergießen zu vermeiden, ersucht die deutsche Regierung, den sofortigen Abschluß eines Waffenstillstandes zu Wasser, zu Lande und in der Luft herbeizuführen.‟[67] Die Donaumonarchie bat am 4. Oktober um Waffenstillstand, das Osmanische Reich nach Entlassung der Jungtürken aus der Regierung wenige Tage später.

Die Vierzehn Punkte waren die Antwort Wilsons auf die bei der Konferenz in Brest-Litowsk auf russischen Vorschlag beschlossene Aufforderung an die Alliierten, ihre Vorstellungen über den Frieden darzulegen. Sie forderten öffentliche Friedensverträge, absolute Freiheit der Schifffahrt auf der See, Freihandel, Abrüstung bis auf den niedrigsten für die nationale Sicherheit vertretbaren Stand, unparteiische Regelung der kolonialen Ansprüche unter Berücksichtigung der Interessen der betroffenen Völker, Räumung ganz Russlands, Wiederherstellung Belgiens, Räumung des besetzten französischen Gebietes und Rückgabe Elsass-Lothringens, Änderung der italienischen Grenzen nach ethnischen Gesichtspunkten, Möglichkeit der autonomen Entwicklung für die Völker Österreich-Ungarns, Wiederaufbau Rumäniens, Serbiens und Montenegros mit Zugang zum Meer für Serbien, Souveränität für den türkischen Teil des Osmanischen Reiches und Autonomie für die anderen dort lebenden Völker, Schaffung eines unabhängigen polnischen Staates aus den Gebieten, die von unbestreitbar polnischer Bevölkerung bewohnt waren, mit freiem Zugang zum Meer, Bildung eines Völkerbundes zur gegenseitigen Garantie der Unabhängigkeit und territorialen Integrität der beteiligten Staaten. Als Leitgedanken seines Programms nannte er „das Prinzip der Gerechtigkeit allen Völkern und Nationalitäten gegenüber und ihres Rechts, unter den gleichen Bedingungen der Freiheit und Sicherheit miteinander zu leben, mögen sie stark oder schwach sein.‟[68] Wenn Deutschland sich den friedliebenden Nationen

---

67 Ebd., S. 337, Huber, Dokumente zur deutschen Verfassungsgeschichte, Bd. 3, S. 282 f.

68 Wilson, Woodrow: Memoiren und Dokumente über den Vertrag zu Versailles anno MCMXIX. Hg. von Ray St. Baker in autorisierter Übersetzung von Curt Thesing, Bd. 3, Leipzig 1923, S. 40–43, Zitat S. 42 f.

in Verträgen der Gerechtigkeit anschließe, solle es weder mit Waffen noch mit feindlichen Handelsmethoden bekämpft werden. Es solle einen Platz der Gleichberechtigung unter den Völkern einnehmen statt eines Platzes der Vorherrschaft. Mit seiner Note vom 3. Oktober nahm Prinz Max dieses Programm nicht bedingungslos an, er bezeichnete es ausdrücklich als Grundlage der Verhandlungen. Dass er sich zugleich auch auf die New Yorker Rede vom 27. September 1918 berief, ist erstaunlich. In ihr hatte Wilson nämlich erklärt, „daß es keinen Frieden geben darf, der durch irgendeinen Handel oder Kompromiß mit den Regierungen der Mittelmächte erreicht wird", seien sie doch, wie etwa der Vertrag von Brest-Litowsk zeige, nicht ehrlich, wollten keine Gerechtigkeit, fühlten sich nicht an Verträge gebunden und kennten keinen Grundsatz als den der Gewalt und des eigenen Interesses. Mit ihnen könne man nicht einig werden. Abschließend hatte Wilson ausgerufen, dass jeder neue Sieg der gegen Deutschland vereinten Staaten die Völker einem Frieden näherbringe, der allen Völkern Ruhe und Sicherheit gewähre und die Wiederholung eines solch blutigen Krieges für immer verhüte.[69] Die ausdrückliche Verwerfung jeden Kompromisses lässt sich auf einen kurzen Nenner bringen: Wilson wollte ein Friedensdiktat, jedenfalls in dieser Stunde. Die gezeigte Härte dürfte auch dem Wahlkampf geschuldet gewesen sein – im November standen Zwischenwahlen an.

Der französische Geheimdienst kannte die Note des Prinzen Max schon, als sie in Washington noch gar nicht vorlag. Generalstabschef Marschall Foch, der oberste Befehlshaber der alliierten Truppen, erhielt den Auftrag, mit den Stabschefs der verschiedenen Entente-Truppen Waffenstillstandsbedingungen auszuarbeiten. Der Text lag am 8. Oktober vor. Danach sollte die deutsche Armee sich hinter den Rhein zurückziehen, die von ihr geräumten nichtdeutschen Gebiete sowie Metz, Diedenhofen, Straßburg und Neu-Breisach sollten von alliierten Truppen besetzt werden. Deutschland hätte den Kampf nach Ablauf des Waffenstillstandes mithin nur unter sehr verschlechterten Bedingungen wieder aufnehmen können. In Washington bestand keine Neigung, dem deut-

---

69 Deutscher Geschichtskalender, Jg. 34, Bd. II.1, Juli – September 1918, S. 505–510, Zitat S. 506

schen Wunsch sogleich zu entsprechen. House und Lansing empfahlen Wilson vielmehr eine „Verzögerung ...", ohne diesen Anschein zu erwecken."[70] Ganz in diesem Sinne nahm Lansing einen langwierigen Notenwechsel mit dem Reich auf, in dem es insbesondere um die Änderung der – von Lansing völlig verkannten – inneren deutschen Strukturen und um die Glaubwürdigkeit der Regierung des Prinzen Max ging. Auch machte Lansing deutlich, dass der Waffenstillstand die USA und die mit ihnen verbündeten Mächte in die Lage versetzen müsse, „eine Wiederaufnahme der Feindseligkeiten seitens Deutschlands unmöglich zu machen."[71] Seine Verschleppungstaktik betrieb Lansing fast fünf Wochen lang, ihr fielen bei den fortdauernden Kämpfen mit Sicherheit weit über 100.000 Soldaten zum Opfer.

In diesen fünf Wochen brach die Donaumonarchie in ihre nationalen Bestandteile auseinander. Bereits am 17. August hatte Großbritannien die Tschechoslowakei, also einen nicht existierenden Staat, als Krieg führende Macht anerkannt, dem waren die USA knapp drei Wochen später gefolgt. Am 6. Oktober bildete sich ein südslawischer Nationalrat und am folgenden Tag forderte der polnische Regentschaftsrat den Anschluss aller von Polen bewohnten Gebiete an den polnischen Staat. In Ungarn wurde die Stimmung zunehmend unruhiger und es wurde lebhaft darüber diskutiert, ob nicht das Verhältnis zu Österreich auf eine neue Basis gestellt werden sollte. Mit einem Manifest suchte Kaiser Karl die Unruhe zu dämpfen und verkündete: „Österreich soll dem Willen seiner Völker gemäß zu einem Bundesstaate werden."[72] Einige Tage später traf in Wien endlich die Antwort auf das Waffenstillstandsersuchen vom 4. Oktober ein. Darin hieß es, dass die USA einen Frieden auf der Grundlage der Vierzehn Punkte nicht mehr billigen könnten, dazu habe sich seit Januar

---

70 Zit. nach Schwabe, Klaus: Deutsche Revolution und Wilson-Frieden. Die amerikanische und deutsche Friedensstrategie zwischen Ideologie und Machtpolitik 1918/19. Düsseldorf 1971, S. 110

71 Huber, Dokumente zur deutschen Verfassungsgeschichte, Bd. 3, S. 287 (23.10.1918)

72 Neck, Rudolf (Hg.): Österreich im Jahre 1918. Berichte und Dokumente. München 1968, S. 66 f.

allzu viel ereignet. „Der Präsident ist daher nicht mehr in der Lage, die bloße Autonomie dieser Völker als Grundlage für einen Frieden anzunehmen."[73] Das war eine klare Absage an die Fortexistenz der Donaumonarchie. Am selben Tage kam es in Budapest zu antihabsburgischen Demonstrationen; am 31. Oktober wurde die Republik ausgerufen. Die Tschechen hatten diesen Schritt schon wenige Tage zuvor getan, die Südslawen ein Königreich der Serben, Kroaten und Slowenen proklamiert.

Natürlich sahen die Deutschen in der österreichischen Reichshälfte dem Zerfall der Doppelmonarchie nicht tatenlos zu. Am 21. Oktober traten alle deutschen Reichsratsabgeordneten in Wien als vorläufige Deutsch-Österreichische Nationalversammlung zusammen und bekundeten ihre Entschlossenheit, einen eigenständigen Staat Deutsch-Österreich zu bilden, der das gesamte deutsche Siedlungsgebiet innerhalb der Monarchie umfassen sollte. Die Versammlung wählte einen Vollzugsrat. Dieser legte Ende des Monats eine kurze Interimsverfassung vor; sie wurde am 30. Oktober angenommen und sogleich eine Regierung unter Leitung des Sozialdemokraten Karl Renner gebildet. In Wien und anderen Städten gab es in diesen Tagen Demonstrationen für den Anschluss an das Deutsche Reich. Wie die Doppelmonarchie, so zerfiel auch deren Armee. Viele Truppenteile marschierten heimwärts; die neue ungarische Regierung berief ihre Truppen am 1. November ab. Endlich, am 3. November, wurde in Padua der Waffenstillstand unterzeichnet. Österreich musste bedingungslos kapitulieren, das besetzte Gebiet räumen, weitgehend demobilisieren und alle seine Verkehrswege der Entente zum Aufmarsch gegen Deutschland zur Verfügung stellen. Ungarn erhielt auf seinen Wunsch hin einen eigenen Waffenstillstand. Kaiser Karl – als ungarischer König Karl IV. – fügte sich schließlich der Entwicklung und verzichtete am 11. November für Österreich auf die Ausübung der Regierungsgewalt, am 13. auch für Ungarn, dankte aber nicht ab.

---

73 Zit. nach Rauchensteiner, Manfried: Der Tod des Doppeladlers. Österreich-Ungarn und der Erste Weltkrieg. Graz 1993, S. 609

Noch während des Oktober hatte sich die Oberste Heeresleitung hinsichtlich der Lage einem gewissen Optimismus hingegeben. Der Zusammenbruch des Habsburgerreiches jedoch veränderte die Situation. Jetzt war mit der Errichtung einer Südfront zu rechnen. Der neue Erste Generalquartiermeister Groener stellte am 6. November fest, dass „wir mit der weißen Fahne hinübergehen müßten", dass also an der Front Waffenstillstandsverhandlungen einzuleiten seien, wenn nicht bis zum 9. November eine definitive Antwort Wilsons vorliege.[74] Für das nunmehrige Drängen hatte die innere Entwicklung große Bedeutung. In einem Aufruf hatte der SPD-Vorstand noch am 17. Oktober erklärt, Deutschland und das deutsche Volk seien in Gefahr, „das Opfer der Eroberungssucht englisch-französischer Chauvinisten und Eroberungspolitiker zu werden", und an die Aussage der SPD vom 4. August 1914 erinnert, die Partei lasse das Vaterland in der Stunde der Gefahr nicht im Stich. Das gelte jetzt verstärkt. „Mit einem Frieden der Vergewaltigung, der Demütigung und der Verletzung seiner Lebensinteressen wird sich das deutsche Volk nie und nimmer abfinden."[75] Seither aber hatte in der Bevölkerung das Verlangen nach einem schnellen Frieden sehr an Boden gewonnen und die äußerste Linke hatte den Kaiser als Friedenshindernis angeprangert. Um die erregte Stimmung zu dämpfen, bemühte sich die Regierung, Wilhelm II. zum Thronverzicht zu bewegen. Eine Meuterei von Besatzungen einzelner Großkampfschiffe entwickelte sich am 3. November zu einem Matrosenaufstand, der sich in Norddeutschland schnell ausbreitete und auf die Arbeiterschaft übergriff. Auf Groeners Drängen beschloss das Kabinett, eine Waffenstillstandsdelegation an die Front zu schicken, und bestimmte zu ihrem Leiter den Zentrumspolitiker Erzberger, seit Kurzem Staatssekretär ohne Geschäftsbereich. Unmittelbar vor seiner Abreise traf die lang erwartete Note aus Washington ein – über sie hatte es längere Verhandlungen zwischen den Alliierten gegeben. Unter dem Datum des 5. November erklärte Lansing die Bereitschaft der Verbündeten zum Abschluss eines Waffenstillstandes, der ihnen „die unbeschränkte Macht sichert, die Einzelheiten des von der deutschen Regie-

---

74 Prinz Max von Baden, Erinnerungen, S. 557
75 Ebd., S. 427

rung angenommenen Friedens ... zu erzwingen". Er stellte dabei zu den Vierzehn Punkten zweierlei klar: Die Alliierten behielten sich die volle Entscheidungsfreiheit darüber vor, wie der Begriff „Freiheit der Meere" auszulegen sei, und erklärten, was „Wiederherstellung der besetzten Gebiete" bedeutete, nämlich die deutsche Verpflichtung, „für allen Schaden" aufzukommen, „der der Zivilbevölkerung der Alliierten und ihrem Eigentum durch den Angriff Deutschlands zu Lande, zu Wasser und aus der Luft zugefügt worden ist".[76]

Die deutsche Delegation traf am 8. November in Compiègne, 60 km nordöstlich von Paris, mit Marschall Foch zusammen und erfuhr dort, dass es keine Verhandlungen über die Waffenstillstandsbedingungen geben werde, das Reich „könne sie annehmen oder ablehnen, ein Drittes gebe es nicht".[77] Auch eine Verlängerung der Bedenkzeit von drei auf vier Tage lehnte Foch ab. Nach den am 11. November unterzeichneten Bedingungen waren die Feindseligkeiten innerhalb von sechs Stunden nach der Unterfertigung des Vertrags einzustellen. Deutschland musste die besetzten Gebiete und Elsass-Lothringen binnen 15 Tagen räumen, das Rheinland links und Brückenköpfe rechts des Flusses bei Köln, Koblenz und Mainz innerhalb eines Monats. Auf dem rechten Rheinufer war eine Zone von 10 km Breite zu neutralisieren. Große Mengen an Kriegsmaterial, 5.000 Lokomotiven und 150.000 Eisenbahnwaggons waren binnen 31 Tagen, 5.000 Lastkraftwagen binnen 36 Tagen abzuliefern. Die Kriegsgefangenen mussten ohne Gegenleistung unverzüglich in die Heimat befördert werden; die Alliierten durften sie dann nach Belieben verwenden, also auch wieder an die Front schicken, sollte der Kampf wieder aufgenommen werden. Im Osten mussten die deutschen Truppen im ehemaligen Österreich-Ungarn, in Rumänien und der Türkei unverzüglich hinter die Reichsgrenze zurückgezogen werden, die auf dem Gebiet des vormaligen Zarenreiches zu einem von den Alliierten zu bestimmenden Zeitpunkt, in diesem Raum sollten die Alliierten freien Zugang über Danzig und die Weichsel haben. Auf die Friedensverträge von

---

76 Huber, Dokumente zur deutschen Verfassungsgeschichte, Bd. 3, S. 289
77 Erzberger, Matthias: Erlebnisse im Weltkrieg. Stuttgart, Berlin 1920, S. 331 f.

Brest-Litowsk und Bukarest sowie die Zusatzverträge war zu verzichten. Die deutsche Flotte war zu desarmieren und zum größten Teil in neutralen oder alliierten Häfen zu internieren. Alle U-Boote waren auszuliefern, die Luftwaffe musste stillgelegt werden. Weitere Artikel befassten sich mit der Schifffahrt in der Ostsee, der Räumung von Minenfeldern, der Rückerstattung beschlagnahmter Finanzmittel, der Rückkehr von Zivilinternierten und Geiseln, mit Ostafrika und anderem. Nach Art. XXVI blieb die Blockade „im gegenwärtigen Umfang" bestehen. Immerhin stellten die Alliierten und die USA „in Aussicht, während der Dauer des Waffenstillstands Deutschland in dem als notwendig anerkannten Maß mit Lebensmitteln zu versorgen". Die Dauer wurde auf 36 Tage festgesetzt, aber eine Verlängerung war möglich, ebenso natürlich die Kündigung.[78]

In Deutschland machte die Revolution in diesen Tagen reißende Fortschritte. Am Abend des 7. November rief der Arbeiter-, Soldaten- und Bauernrat in München die Republik aus, am folgenden Tage geschah das in Braunschweig und in Berlin spitzte sich die Lage derart zu, dass Prinz Max am 9. November, ohne dazu autorisiert zu sein, die Abdankung des Kaisers bekannt gab und dem SPD-Vorsitzenden Ebert die Reichskanzlerschaft übertrug. Eberts Parteifreund Scheidemann, ebenfalls Staatssekretär ohne Geschäftsbereich, hielt am frühen Nachmittag dieses Tages von einem Fenster des Reichstags aus eine kurze Ansprache zur Beruhigung der Demonstranten vor dem Parlament und schloss mit den Worten: „Das Alte und Morsche, die Monarchie, ist zusammengebrochen. Es lebe das Neue! Es lebe die deutsche Republik!"[79] SPD und Unabhängige Sozialdemokraten bildeten am folgenden Tag eine paritätisch besetzte Regierung mit sechs Mitgliedern, den Rat der Volksbeauftragten. Die bisherigen Staatssekretäre blieben im Amt. Infolge der Entwicklung am 9. November kam der nunmehrige engste Führungskreis in Berlin erst am Tage danach dazu, sich mit den alliierten Forderungen zu befassen.

---

78 Hohlfeld, Dokumente, Bd. 2: Das Zeitalter Wilhelms II. 1890–1918, S. 414–419

79 Scheidemann, Philipp: Memoiren eines Sozialdemokraten. 1865–1927. Dresden 1928, Bd. 2, S. 311 f.

Es war, wie Ebert sagte, klar, dass von „einem Frieden des Rechts ... wahrscheinlich keine Rede sein" könne.[80] Aber selbstverständlich entschied man sich für die Annahme, verbunden mit der Hoffnung, dass Erzberger Verbesserungen erreichen könne. Das gelang nur in ganz geringem Umfang bei einigen Fristen. Am frühen Morgen des 11. November wurde das Dokument über den Waffenstillstand unterzeichnet, ab 12 Uhr mittags schwiegen die Waffen. Wegen der Terminierung auf 36 Tage waren wiederholt Verlängerungen nötig, erst ab Mitte Februar 1919 galt der Waffenstillstand unbefristet. Bei den deshalb nötigen Verhandlungen im Dezember, Januar und Februar machten die Alliierten dem Reich weitere Auflagen. Die deutsche Delegation konnte die neuen Forderungen nur geringfügig abschwächen, und es gelang ihr nicht, die Umsetzung der in Art. XXVI in Aussicht gestellten Lebensmittellieferungen zu erreichen. Erst im März wurde die Blockade geringfügig gelockert.

Nach den Bestimmungen der Haager Landkriegsordnung von 1899 ist ein Waffenstillstand die vertraglich geregelte Einstellung der Kampfhandlungen zwischen zwei Mächten auf längere Zeit bei Fortdauer des Kriegszustands und bei Wahrung des militärischen Status quo. Daran gemessen war das am 11. November 1918 unterzeichnete Dokument eine völlig neue Art von Waffenstillstand. Seine Bestimmungen machten der einen Seite, Deutschland, die Wiederaufnahme des Kampfes nur unter extrem verschlechterten Bedingungen möglich, also realiter unmöglich. Auch enthielt es Auflagen, die mit einem Waffenstillstand nichts zu tun hatten, sondern in einen Vorfrieden gehörten. Das gilt besonders für die den Osten betreffenden Vorschriften. Von einem Vertrag konnte keine Rede sein, da Verhandlungen nicht stattfanden – die ganz geringen Konzessionen, die Foch machte, korrigierten nur unhaltbare Fristsetzungen. Die Bestimmung über die Fortdauer der Blockade war völkerrechtswidrig. Blockaden sind feindselige Handlungen, da sie dem Gegner Schaden zufügen sollen. Deshalb hätte die Blockade, die in den gut vier Jahren ihrer Geltung mit der von ihr bewirkten Unterbrechung der nötigen Lebensmittelimporte über See die Sterblichkeit in

---

80 Haussmann, Conrad: Schlaglichter. Reichstagsbriefe und Aufzeichnungen, hg. von Ulrich Zeller. Frankfurt a. M. 1924, S. 273

Deutschland deutlich erhöhte und für über 700.000 zivile Todesfälle verantwortlich war, am 11. November 1918 mittags eingestellt werden müssen.

Ziele der Siegermächte

Die Bevölkerung der siegreichen Staaten, vor allem derer, die die Hauptlast der Kämpfe getragen hatten, feierte das Ende des Krieges begeistert. Diese Hochstimmung gedachte Lloyd George für sich auszunutzen. Drei Tage nach dem Waffenstillstand kündete er für Mitte Dezember Wahlen zum Unterhaus an. Gemeinsam mit seinen Liberalen kämpften die Konservativen, die die Regierung mitgetragen hatten, um Stimmen. Der Premierminister setzte dabei sehr stark auf die antideutsche Karte und legte sich damit ganz auf einen harten Kurs bei der bevorstehenden Friedenskonferenz fest. Immer wieder unterstrich er, dass die Mittelmächte und namentlich Deutschland für die Kriegsschäden bis zur Grenze ihrer Leistungskraft aufkommen müssten. Und stets sprach er auch davon, dass der Kaiser wegen Hochverrats an der Menschheit von einem internationalen Gerichtshof abzuurteilen sei. Die Urheber der Schrecken des Krieges „müssen zur Verantwortung gezogen werden. ... Unser Urteil muß derart ausfallen, daß Könige, Kaiser und Kronprinzen für alle Ewigkeit wissen, daß, wenn sie Verruchtheiten dieser Art über die Erde bringen, die Strafe unausweichlich auf ihr Haupt fallen wird." Auch das deutsche Volk wollte er zur Verantwortung gezogen sehen, denn „die Völker müssen wissen, daß sie nicht ungestraft einen Krieg anfangen dürfen".[81] Des Weiteren warb er für Abrüstung und einen Völkerbund. Die Wähler bestätigten die Regierung klar, die Koalition erhielt mit 54 Prozent der Stimmen drei Viertel aller Mandate. Wilson dagegen konnte sich nicht über eine solche Bestätigung freuen. Bei den Zwischenwahlen unmittelbar vor Kriegsende errangen die oppositionellen Republikaner in beiden Häusern des Kongresses die Mehrheit. Diese Schlappe der Demokraten hatte auch außenpolitische Gründe. Wilsons Politik gegenüber den Mittelmächten erschien vielen Wählern als nicht konsequent genug. Daraus konnte er die Mahnung entnehmen, mehr Härte zu zeigen, indessen

---

81 Deutscher Geschichtskalender, 34. Jg., Bd. II.1, Juli – September 1918, S. 900 f.

reagierte er nicht entsprechend. Mitte November kündigte er an, dass er persönlich an der Friedenskonferenz teilnehmen wolle.

Bei den Deutschland im Friedensvertrag aufzuerlegenden Bedingungen stellte Frankreich die am weitesten reichenden Forderungen, während die englischen Absichten begrenzter waren. Wilson hatte sich durch seine zahlreichen öffentlichen Äußerungen über einen Frieden der Gerechtigkeit zwar zu maßvollen Zielen bekannt, aber auch er hielt etliche schwere Auflagen für unabdingbar. Das französische Friedenskonzept war in einer Mitte November erstellten Denkschrift des Generalsekretärs im Außenministerium, Berthelot, und in einem an sie angelehnten Memorandum enthalten, das der Botschafter in London, Paul Cambon, dort Ende des Monats übergab. Als Hauptpunkte nannte diese Niederschrift Garantien auf dem linken Rheinufer durch Entmilitarisierung, die vollständige Wiederherstellung Polens und Verfassungszustände in Deutschland auf der Basis der Volkssouveränität. Bei den territorialen Regelungen stand die Rückgabe Elsass-Lothringens einschließlich der 1815 davon abgetrennten Landstriche an Frankreich an erster Stelle, zudem die Überlassung des Saartals. Das neue Polen sollte einen Zugang zum Meer haben und alle polnischen Bezirke in Westpreußen, Posen und Oberschlesien erhalten, zudem das – wie unterstellt wurde – nach Sprache und Rasse polnische südliche Ostpreußen. Die dänischen Bezirke Schleswigs sollten an Dänemark, Malmedy an Belgien abgetreten, die Zollunion Luxemburgs mit Deutschland aufgehoben werden. Deutschland sollte auf seine Überseebesitzungen verzichten, die neuen Staaten in Ost- und Südosteuropa anerkennen und die Friedensverträge von Brest-Litowsk und Bukarest nebst den Zusatzabkommen aufheben sowie die Friedensverträge der Alliierten mit Bulgarien und der Türkei billigen und ihnen alle deutschen Rechte im vormaligen Osmanischen Reich übertragen. Im Abschnitt über Reparationen, Restitutionen und Garantien hieß es einleitend, dass das Deutsche Reich für alle von ihm während des Krieges angerichteten Schäden aufzukommen habe. Es solle Frankreich die gemäß dem Frankfurter Frieden von 1871 an das Reich gezahlte Kriegsentschädigung einschließlich der für diese Summe seither angelaufenen Zinsen zurückgeben – das war ein enormer Betrag, der mit dem Weltkrieg gar nichts zu tun hatte. Die Bestimmungen über die Restitutionen ergaben ebenfalls hohe Forderungen. Diese Zahlungen sollten über 65 Jahre laufen, also bis 1975. Überdies waren Fertig- und Halbprodukte sowie Rohmaterial in großem Umfang zu liefern. „Für die Zahlung der deutschen Schuld werden die deutschen Staaten solidarisch die Einnahmen aus den Zöllen, Häfen, Eisenbahnen, Bergwerken, Wäldern, Monopolen usw. verpfänden." Deutschland sollte weiterhin eine Ausfuhrabgabe abführen, zahlbar in der Währung des jeweiligen Bestimmungslandes. Die auf dem linken Rheinufer anfallenden Staatseinkünfte aller Art, auch aus Eisenbahnen und Betrieben im öffentlichen Besitz, sollten mit einer Sonderhypothek belegt werden. Eine internationale Kommission sollte „die verpfändeten Einnahmen beaufsichtigen und ihre Zahlung zu bestimmten Terminen gewährleisten." Im Falle der Nichtausführung dieser Bestimmungen oder rückständiger Zahlungen konnte die Kommission Aufschub gewähren, aber auch veranlassen, dass bestimmte Pfänder durch alliierte Streitkräfte militärisch gesichert wurden. Dieser Katalog erinnerte an die Kapitulationen, die die europäischen Mächte dem Osmanischen Reich seit Langem auferlegt hatten. Des Weiteren sah das Memorandum Cambons die Konfiskation aller deutschen Rechte in Frankreich vor. Im Abschnitt über die wirtschaftlichen Klauseln wurden Kontrollrechte der Alliierten über die deutschen Im- und Exporte und über die Schifffahrt genannt, die bis zur Herstellung des vollen Friedenszustandes gelten sollten. Die abschließend angeführten allgemeinen Garantien bestanden in Besatzungsrechten in Deutschland, namentlich links des Rheins; diese Bestimmungen waren sehr kurz gefasst.[82]

Anfang Dezember hielten Lloyd George, Clemenceau und der italienische Ministerpräsident Orlando unter Beiziehung des britischen und des französischen Außenministers, des Chefs des Empire-Generalstabs und des Marschalls Foch in London eine Vorkonferenz ab; Oberst House

---

82 Schwabe, Quellen zum Friedensschluß von Versailles, S. 70–75; deutsche Übersetzung des Zitats in Zimmermann, Ludwig: Frankreichs Ruhrpolitik von Versailles bis zum Dawesplan, hg. von Walther Peter Fuchs. Göttingen 1971, S. 18 f.

fehlte aus gesundheitlichen Gründen, sodass die USA nicht vertreten waren. In einer Besprechung mit den drei englischen Herren ging Foch noch weiter als Cambon in seinem Memorandum. Er setzte sich entschieden für einen unabhängigen Staat (oder eine Gruppe kleiner Staaten) links des Rheins ein, der mit Belgien, Luxemburg und dem durch Elsass-Lothringen verstärkten Frankreich ein wirtschaftliches und militärisches System bilden sollte. Dann stünden 55 Millionen Menschen gegen die 65 bis 75 Millionen im rechtsrheinischen Deutschland und hätten eine feste Barriere am Rhein. Eine Wiederholung des Geschehens von 1914 sei damit unmöglich. Die von Foch genannten Zahlen entsprachen nicht der Wirklichkeit. Frankreich und die ihm im Osten vorgelagerten Satellitenstaaten – sicher das Rheinland und wahrscheinlich Belgien und Luxemburg – hätten etwa 56 Millionen Einwohner gehabt, Deutschland unter Berücksichtigung der im Westen und Osten vorgesehenen Abtretungen nur mehr 53 Millionen. Vielleicht überhöhte Foch diesen Wert absichtlich deutlich, um Frankreichs weiterhin bestehendes Schutzbedürfnis zu unterstreichen und England damit moralisch an Frankreich zu binden. Foch hielt ein solches Vorgehen für sehr wohl mit den Vierzehn Punkten Wilsons vereinbar, denn der Unterschrift einer Nation, die die Welt in den jetzt beendeten schrecklichen Krieg gezwungen habe, unter einem Friedensvertrag könne man nicht trauen. Die Zustimmung der links des Rheins lebenden Deutschen zu einer solchen Regelung hielt er für wahrscheinlich, schon wegen der wirtschaftlichen Vorteile, die sich aus dem von Frankreich gewünschten System ergäben. Auch sei es immer „besser, auf der Seite der Sieger statt auf der der Besiegten zu sein".[83] Dass Clemenceau bei dieser Besprechung fehlte, dürfte kein Zufall gewesen sein. Er hatte sich schon vor Wochen mit Foch über diesen Komplex verständigt und konnte den Marschall so gut vorschicken. Auch Berthelot stimmte mit dem von Foch gemachten Vorschlag überein. Dieses Programm mutete dem Deutschen Reich ganz erhebliche Abtretungen zu. Die davon im Osten und Westen betroffene Bevölkerung belief sich auf knapp 16 Millionen Menschen, in der großen

---

83 Schwabe, Quellen zum Friedensschluß von Versailles, S. 77 f.

Mehrzahl Deutsche. Das war fast ein Viertel der Reichsbevölkerung bei Kriegsende. Der Verlust an industrieller Kapazität war nach diesem Plan noch weitaus höher. Deutschland wäre nach der Verwirklichung dieses Vorschlags zwar noch ein bevölkerungsreicher Staat gewesen, aber keine Großmacht mehr, dies umso weniger, als die Alliierten ja nach dem Berthelot'schen Konzept noch Jahrzehnte hindurch ganz erhebliche Eingriffsrechte gehabt hätten.

Die wichtigsten Ergebnisse der Vorkonferenz waren der Beschluss, Kaiser Wilhelm II. und andere vermeintlich Hauptschuldige am Krieg gerichtlich zur Verantwortung zu ziehen, und die Einsetzung einer Kommission zur Überprüfung der Zahlungsfähigkeit der Feinde. Den Anstoß dazu hatte der australische Regierungschef Hughes mit dem Hinweis gegeben, dass nach der in der Lansing-Note vom 5. November gegebenen Entschädigungsdefinition zwar Frankreich und Belgien Zahlungen erhalten würden, kaum aber Großbritannien und die Dominien. Wilson schiffte sich am 4. Dezember mit seiner Delegation nach Europa ein. Gesundheitlich war er nicht auf der Höhe, und das erklärt wohl, dass er erst kurz vor der Ankunft seine Begleiter um sich versammelte und ihnen sein Friedenskonzept darlegte. Er verwies auf die Beschlüsse der Londoner Vorkonferenz, kritisierte, dass die Alliierten anscheinend entschlossen seien, „aus Deutschland, da es jetzt wehrlos ist, alles herauszuholen, was sie nur können", und sprach sich für einen Frieden ohne Sieg aus. Es müsse ein Frieden der Gerechtigkeit werden, solle es nicht „am Ende für alle Völker verhängnisvoll sein". Bestünden Lloyd George und Clemenceau auf ihrem Programm, werde er sich von der Konferenz zurückziehen und über einen Separatfrieden nachdenken.[84] Nach der Ankunft in Brest machte er eine Rundreise durch Frankreich, England und Italien, hielt zahlreiche öffentliche Reden und warb in ihnen für die Schaffung einer lebenskräftigen Organisation zur Errichtung einer in Freundschaft verbundenen Welt, also für den Völkerbund. In seinen

---

84 Zit. nach Lentin, Antony: Die Drachensaat von Versailles. Die Schuld der „Friedensmacher". Leoni am Starnberger See o. J., S. 81 (engl. Original: London 1985)

85

Gesprächen mit den alliierten Spitzenpolitikern gelang es ihm nicht, sie von ihren Vorstellungen über hohe Entschädigungen seitens der Besiegten abzubringen und sie dafür zu gewinnen, auch die Mittelmächte zu den Friedensverhandlungen zuzulassen, statt nur eine Konferenz unter den Siegern abzuhalten.

Die Pariser Friedenskonferenz

Als Ort für die Friedensverhandlungen dachte Lloyd George an Genf. Die Franzosen schlugen Versailles vor, die Stadt südwestlich von Paris, in der die Oberhäupter der deutschen Gliedstaaten am 18. Januar 1871 Wilhelm I. als Kaiser des soeben gegründeten Deutschen Reiches gehuldigt hatten und in der sieben Wochen später, am 26. Februar, der Präliminarfrieden zwischen Deutschland und dem besiegten Frankreich abgeschlossen worden war. Indessen war Versailles für eine internationale Konferenz mit mehr als 1.000 Delegationsmitgliedern zu klein. So fanden die Verhandlungen in Paris statt, nur einzelne bedeutende Akte wurden in das für die Franzosen so symbolträchtige Versailles oder in andere repräsentative Orte des Pariser Umlandes gelegt. Da die Konferenz in Frankreich abgehalten wurde, war es selbstverständlich, dass dessen Ministerpräsident den Vorsitz hatte. Das brachte für das gastgebende Land manchen taktischen Vorteil mit sich. Die Liste der zu erörternden Themen war lang. Zu beraten war über den Völkerbund, die Abrüstung und die internationale Regelung der Arbeitsverhältnisse, also über Komplexe, die mit der Wiederherstellung des Friedens unmittelbar nichts zu tun hatten. Sodann waren fünf Friedensverträge auszuarbeiten oder doch vorzubereiten, neben dem für Deutschland die für Österreich, Ungarn, Bulgarien und die Türkei. Das war fraglos sehr zeitaufwendig, da ja nicht nur über die Hauptpunkte, sondern über vielerlei Einzelfragen entschieden werden sollte. Es war zu erwarten, dass die Interessen der Nachfolgestaaten im Raum der ehemaligen Donaumonarchie nur schwer auszugleichen waren. Die Verhältnisse in Osteuropa konnten nicht ausgeklammert werden, eine wegen der dortigen bewaffneten Auseinandersetzungen sehr schwierige Aufgabe. Bei der Neuordnung des Nahen Ostens und der Regelung der kolonialen Fragen waren ebenfalls viele Ansprüche gegeneinander abzuwägen. Zur Bewältigung all dessen wäre eine sorgfältige Vorbereitung auf diplomatischem Wege vorab nötig gewesen, aber daran fehlte es. Die Großmächte verständigten sich darauf, dass ein Zehnerrat, bestehend aus dem amerikanischen Präsidenten und den Ministerpräsidenten Großbritanniens, Frankreichs, Italiens und Japans sowie den fünf Außenministern das maßgebliche Gremium der Konferenz bilden sollte. Er trat erstmals am 13. Januar 1919, also wenige Tage vor dem offiziellen Konferenzbeginn, im französischen Außenministerium zusammen. Lloyd George wies darauf hin, dass auch die Sowjetregierung in die Verhandlungen einbezogen werden müsse, und fand dafür Zustimmung. Als Ort dieser Erörterungen schlug Wilson die Prinzeninsel im Marmara-Meer vor. Verwirklicht wurde diese Absicht nicht. Die russische Regierung lehnte die Einladung zu den Gesprächen ab, und die Regierungen der neuen Staaten westlich Russlands waren nicht bereit, sich mit den Bolschewiki an einen Tisch zu setzen. Förmlich eröffnet wurde die Pariser Friedenskonferenz am 18. Januar im Uhrensaal des französischen Außenministeriums. In seiner Begrüßungsansprache verwies Staatspräsident Poincaré auf die gewaltigen Opfer, die Frankreich im Krieg gebracht hatte, ohne im Geringsten für diese furchtbare Katastrophe verantwortlich zu sein, und erinnerte selbstverständlich an das Geschehen im Schloss in Versailles auf den Tag 48 Jahre zuvor. Er sagte, das Deutsche Reich habe seine erste Weihe durch den Raub zweier französischer Provinzen empfangen. Der in den Wurzeln verderbte Staat habe damit den Keim seines Todes enthalten. „Aus Ungerechtigkeit heraus geboren, endete er in der Schmach. Sie sind hier versammelt, um das von ihm angerichtete Unheil zu beseitigen und dessen Wiederkehr zu verhindern. Sie halten in Ihren Händen das Schicksal der Welt."[85] Mit diesen Worten offenbarte er einen wesentlichen Grund für Frankreichs Teilnahme am Krieg. Das Unrecht, das wieder gutgemacht werden sollte, war die machtpolitische Schwächung Frankreichs 1871 nebst der Abtretung Elsass-Lothringens. Dass der Krieg im Sommer 1870 eindeutig von Frankreich ausgegangen war, um die Vollendung der deutschen Reichseinigung zu verhindern, lag weit außerhalb seines Bewusstseins.

---

85 Deutscher Geschichtskalender, 35. Jg., Bd. I, Januar – Juni 1919, S. 13–17, Zitat S. 17

Das Konferenzplenum war nur die Kulisse für große Auftritte, spielte sonst aber keine Rolle. Der Rat der Zehn trat täglich mindestens einmal, gelegentlich zweimal zusammen und hielt bis zum 23. März insgesamt 72 Sitzungen ab. Wegen heftiger Meinungsverschiedenheiten verzichtete Clemenceau an diesem Tage auf die Festlegung eines neuen Termins und regte an, dass die Regierungschefs fortan zweimal täglich konferieren und die Außenminister getrennt von ihnen zusammentreten sollten. Ab dem 24. März war also der Rat der Vier – Japan war seit Längerem nur vertreten, wenn es um Dinge ging, die es unmittelbar betrafen – das entscheidende Gremium, den Außenministern fielen nur nebensächliche Fragen zu. Bis zum 28. Juni – in wenig mehr als drei Monaten – berieten die Vier durchweg zweimal täglich, sie kamen auf 145 Treffen. Die zahlreichen im Laufe der Beratungen gebildeten Kommissionen brachten es zusammen auf über 1.600 Sitzungen. Der Idee nach hatten sie den leitenden Politikern nur zuzuarbeiten, aber die Fülle der anstehenden Fragen brachte es mit sich, dass die Zehn und später die Vier die ihnen unterbreiteten Vorschläge oft ohne weitere Diskussion übernahmen, sodass die Ausschüsse in vielen Fällen faktisch die Letztentscheidung trafen. Die Spitzenpolitiker informierten sich auch durch die Anhörung von Experten oder von Vertretern verschiedener Staaten und Nationalitäten. Ihnen wurde eine derartige Vielzahl von Informationen vorgelegt, dass sie nicht in der Lage waren, alles angemessen zu verarbeiten. Ein Mitglied der amerikanischen Delegation gab während einer Vortragsreihe im Winter 1920/21 unumwunden zu, die Zehn hätten nicht die nötige Vertrautheit mit vielen Fragen gehabt, mit denen sie sich beschäftigen mussten. Das galt ebenso für die Vier.

In der ersten Phase der Konferenz war die Satzung des Völkerbundes das wichtigste Thema. Dieser Fragenkreis war wenig strittig. Da gründliche Vorarbeiten mehrerer Experten vorlagen, kam die von Wilson persönlich geleitete Kommission für den Bund schnell voran, schon nach drei Wochen war der Satzungsentwurf fertig. Keine Einigung wurde darüber erzielt, wann Deutschland Mitglied werden sollte. Wilson fand für seinen Vorschlag keine Billigung, die Zulassung in nicht allzu ferner Zeit auszusprechen. Der Zehnerrat befasste sich in dieser Zeit vornehmlich mit kolonialen Fragen und hörte sich die Wünsche der interessierten Staaten und Nationalitäten an. Mitte Februar mussten Wilson und Lloyd George aus innenpolitischen Gründen für einige Zeit in ihre Länder zurückkehren. Sie wurden im Zehnerrat durch House und Außenminister Balfour vertreten, die zwar alle Vollmachten hatten, aber wiederholt doch Rückfragen für angezeigt hielten. So wurde der Entscheidungsprozess schwieriger und langsamer, und es sammelten sich ungelöste Fragen an. House bemühte sich in dieser Zeit, den Rat auf den schnellen Abschluss eines Präliminarfriedens mit Deutschland und Österreich festzulegen. Darin sollten die neuen Grenzen, die endgültige Heeresstärke, die Höhe der Reparationen und der Zeitplan für ihre Erbringung und die Behandlung in wirtschaftlichen Fragen geregelt werden – darüber hatte er sich mit Wilson vor dessen Abreise verständigt. Er gewann zunächst Balfour und die Italiener für seinen Plan, Balfour holte dann das Placet der Japaner ein. Angesichts der Übereinstimmung der vier anderen Mächte willigte schließlich auch Clemenceau ein. Am 1. März teilte House Wilson zufrieden mit, der Präliminarfrieden mit Deutschland könne bei der Rückkehr des Präsidenten aus Deutschland fertig sein, der mit Österreich Anfang April, und so könne am 2. April ein Friedenskongress unter Einschluss der Mittelmächte beginnen. Diese Einschätzung war eine reine Illusion. Die Arbeit an den Präliminarfrieden wurde nicht aufgenommen, sondern die Formulierung umfassender definitiver Verträge fortgesetzt.

Lloyd George kehrte am 6. März aus London zurück, Wilson war Mitte des Monats wieder anwesend. Sogleich zeigte sich, dass im Zehnerrat hinsichtlich der Behandlung Deutschlands ganz erhebliche Meinungsunterschiede bestanden. Zu Beginn der dritten Märzdekade verhärtete sich das Verhandlungsklima sehr. Lloyd George hielt den von Clemenceau gesteuerten Kurs für unvertretbar. Er erarbeitete deshalb mit einigen wichtigen Mitgliedern seiner Delegation bei einer Wochenendklausur in Fontainebleau ein Memorandum und legte es am 25. März vor. Darin mahnte er, dass der Friedensvertrag keine Ursache zur Verbitterung geben dürfe. Die Bedingungen könnten streng und sogar hart sein, sie müssten aber so viel Gerechtigkeit zeigen, „daß das Land, dem wir sie auferlegen, in seinem Innern fühlt, es habe kein Recht, sich zu beklagen".

Deshalb dürften nicht mehr Deutsche als unbedingt notwendig von einem Staatsangehörigkeitswechsel betroffen sein. Den Vorschlag der Kommission für die polnische Frage, „daß wir 2.100.000 Deutsche unter die Herrschaft eines Volkes stellen, das eine andere Religion hat und das während seiner ganzen Geschichte niemals seine Fähigkeit zu einer selbstgebildeten Regierung von Bestand zu beweisen vermochte, muß ... früher oder später zu einem neuen Krieg im Osten Europas führen". Diese Voraussage hielt er bei den Magyaren für ebenso zutreffend und warnte deshalb vor der Schaffung einer ungarischen Irredenta. „Ich würde es deshalb als leitenden Grundsatz des Friedens nehmen, daß, soweit es menschenmöglich ist, die verschiedenen Volksstämme ihren Heimatländern zugeteilt werden sollen und daß dieses menschliche Kriterium vorgehen soll den Erwägungen der Strategie oder der Wirtschaft oder der Verkehrswege, die gewöhnlich auch auf andere Weise in Ordnung gebracht werden können." Er forderte des Weiteren, „daß die Dauer der Reparationszahlungen enden sollte, wenn es möglich ist, mit der Generation, die den Krieg herbeigeführt hat".[86] Er verwies sodann darauf, dass in Russland die extremsten Gestalten des Terrors die Gewalt innehätten und dass deshalb schon Hunderttausende zugrunde gegangen seien. Dann richtete er den Blick auf ganz Europa. Überall seien die Arbeiter empört über die Verhältnisse, und überall sei der Geist des Aufruhrs zu spüren. Es bestehe die Gefahr, „daß Deutschland sich mit dem Bolschewismus zusammentun und seine Hilfsmittel, seinen Verstand, seine breite Organisationskraft zur Verfügung der revolutionären Fanatiker stellen könnte, deren Traum es ist, die Welt mit Waffengewalt für den Bolschewismus zu erobern". Wie leicht ein Land dem Kommunismus anheimfallen konnte, sah er mit Ungarn belegt, wo Béla Kun soeben, am 21. März, die Räterepublik ausgerufen hatte. Als Hauptgrund für deren Resonanz im Volk sah er die Furcht, dass eine große Zahl von Magyaren der Fremdherrschaft überliefert werden sollte. Aus alledem folgerte er, dass Deutschland einen gerechten Frieden erhalten müsse. Ganz wichtig

---

86 Schwabe, Quellen zum Friedensschluß von Versailles, S. 156–167, die Zitate S. 157

sei die Versicherung, dass „wir Deutschland, sobald es unsere Bedingungen, besonders den Schadensersatz annimmt, ... die Rohstoffe und die Märkte der Welt zu den gleichen Bedingungen, wie sie für uns selbst gelten, öffnen und alles mögliche tun wollen, um dem deutschen Volk zu helfen, daß es wieder auf die Füße kommt. Wir können nicht zugleich Deutschland verkrüppeln und erwarten, daß es uns bezahlt."[87] Der Frieden, so das Fazit aus dem ersten Teil des Memorandums, sollte ohne Erinnerung an die Leidenschaften des Krieges formuliert werden, aber doch die Verantwortung Deutschlands für den Ausbruch des Krieges und die Art, wie er ausgetragen wurde, in Rechnung ziehen. Im zweiten Teil der Denkschrift ging es um den Völkerbund und um die künftigen Rüstungsbeschränkungen. Erste Bedingung für den Erfolg des Völkerbundes sei, dass das Britische Weltreich, die USA, Frankreich und Italien sich über den Verzicht auf jeden Rüstungswettbewerb einig seien. Nur dann könne man den kleineren Mächten Rüstungsbeschränkungen zumuten. Nach Annahme der Friedensbedingungen sei Deutschland sogleich zum Völkerbund zuzulassen. Für eine gewisse Zeit sollten das Britische Reich und die USA eine Bürgschaft für Frankreich gegen einen neuen deutschen Angriff übernehmen. Es folgte ein knapper Abriss der Friedensbedingungen für Deutschland. Bei den Gebietsabtretungen gestand Lloyd George Polen einen Korridor nach Danzig zu, der die kleinste mögliche Zahl von Deutschen enthielt. Er erwog eine Korrektur der böhmischen Grenze. Zur Westgrenze erklärte er kategorisch, dass die Rheinlande nicht von Deutschland getrennt werden dürften. Sie sollten aber entmilitarisiert werden, das Britische Reich und die USA sich verpflichten, Frankreich mit ihrer ganzen Kraft beizustehen, wenn Deutschland seine Truppen ohne Zustimmung des Völkerbundes über den Rhein schicken sollte. Mit der Abtretung Elsass-Lothringens war er einverstanden, eventuell bis zur Grenze von 1814. Als Alternative für die Abgabe der Region an der Saar sah er als Entschädigung für die Zerstörung der französischen Kohlengruben die zehnjährige Nutzung des Saarreviers durch Frankreich und eine anschließende Garantie der Kohlenausfuhr aus diesen Bergwerken nach Frankreich vor. Die Zollunion

---

87 Ebd., S. 158 und S. 159 f.

Luxemburgs mit dem Deutschen Reich sollte aufgehoben werden, Malmedy und Moresnet an Belgien, der dänisch besiedelte Teil Schleswigs an Dänemark gehen. Alle Rechte an seinen Kolonien und im Pachtgebiet von Kiautschou sollte Deutschland abtreten. Bei den militärischen Regelungen wollte Lloyd George einleitend festgestellt sehen, dass die Entwaffnung Deutschlands „der erste große Schritt zur Beschränkung der Rüstungen aller Nationen ist"[88]. Für die Bestimmungen über Heer, Marine und Luftwaffe verwies er auf die schon gefundenen Festsetzungen. Hinsichtlich der von Deutschland zu leistenden Entschädigungen schlug er vor, das Reich für eine festzulegende Zahl von Jahren bestimmte Summen aufbringen zu lassen, über deren Höhe man sich noch einigen müsse. Die Hälfte dieser Beträge sollte an Frankreich gehen, 30 Prozent dachte er Großbritannien zu, den Rest den anderen Nationen. Er verlangte die Auslieferung des Kaisers und aller für den Krieg verantwortlichen Personen sowie all derer, die sich einer Verletzung der Gesetze des Krieges schuldig gemacht hätten. An die Spitze des Abschnitts über die wirtschaftlichen Fragen stellte er das Gebot, Deutschland nicht zu diskriminieren, und verwies sodann auf die Berichte der Wirtschafts- und der Finanzkommission.

Die Denkschrift hob sich wohltuend von den Reden des Premiers während des Krieges und im Wahlkampf ab. Ein derart grundsätzliches Papier hätte freilich schon zu Beginn der Konferenz vorliegen sollen. Dass es damals fehlte, zeigt, dass die britische Delegation nicht gründlich genug vorbereitet nach Paris kam, und hing wohl auch damit zusammen, dass Lloyd George Anfang des Jahres noch zu sehr seiner eigenen Propaganda seit 1914 verhaftet war. Dass es gut neun Wochen nach Beginn der Verhandlungen erarbeitet wurde, erklärt sich aus den Erfahrungen, die Lloyd George während dieser Zeit machte. In der Märzkrise und insbesondere bei den Auseinandersetzungen um das Saarrevier und die deutschen Gebietsabtretungen an Polen wurde ihm endgültig bewusst, dass Frankreich überzogene Ziele anstrebte; er hätte dies eigentlich schon nach dem Cambon-Memorandum vom November 1918 wissen können. Clemenceau beantwortete die britische Denkschrift vier Tage später mit

---

88 Ebd., S. 164.

einer kurzen Note. Er bestritt, dass der von Lloyd George vorgeschlagene Weg zu einem gerechten und dauerhaften Frieden führen werde. Wolle man Deutschland entgegenkommen, könne man das bei den Kolonien, der Flotte und dem weltweiten Handel tun, nicht aber durch die Milderung territorialer Bestimmungen in Europa. Auch er verwies auf die bolschewistische Gefahr und meinte, dass die neu entstandenen europäischen Staaten ihr erliegen könnten, wenn man ihnen „aus Rücksicht auf Deutschland unannehmbare Grenzen" auferlege. Sodann stellte er fest, dass das Prinzip der Gerechtigkeit auch für die Alliierten gelten müsse. Das sei mit den britischen Vorschlägen unmöglich, denn diese muteten den Staaten, „die die Last des Krieges am schwersten gefühlt haben" nun zu, „auch die Kosten des Friedens auf sich zu nehmen".[89] Clemenceau wies das Fontainebleau-Memorandum mithin glatt zurück. Das zähe Ringen um die Formulierung des Friedensvertrags ging also weiter, oft in sehr angespannter Atmosphäre. Nicht nur Lloyd George ärgerte sich über die Hartnäckigkeit, mit der Clemenceau an seinen weitgespannten Zielen festhielt, auch Wilson nahm daran wiederholt schwer Anstoß und hatte deshalb bisweilen Diskrepanzen mit seinen Mitarbeitern, die Frankreich mehr Entgegenkommen zeigen wollten als er. In der Ratssitzung am 28. März deutete er an, er könne die Konferenz verlassen, wenn Frankreich nicht mehr Kompromissbereitschaft zeige. Die Frage, ob er mit der Ankündigung eines solchen Schrittes Druck auf die Alliierten ausüben sollte, beschäftigte ihn in den nächsten Tagen weiter. Am 7. April ließ er telegrafisch in Washington anfragen, wann ihn die „George Washington" in Brest abholen könne; die Presse wurde darüber sogleich informiert. Das war eine offene Bekundung der Unzufriedenheit mit seinen Verhandlungspartnern.

Wenigstens hinsichtlich der Saarfrage hatte dieser demonstrative Akt eine gute Wirkung. Die französische Delegation legte nun Pläne vor, die hinter den bisherigen Forderungen zurückblieben. Der eine sprach sich für einen unabhängigen Saarstaat aus, der andere für die Überweisung der Saarregion an den Völkerbund mit einem Mandat für Frankreich und einer Volksabstimmung über den endgültigen Status nach 15 Jah-

---

89 Ebd., S. 186–189, Zitat S. 188

ren. Wilson lehnte das Mandat ab und wollte nur eine fünfzehnjährige Nutzung der Bergwerke durch Frankreich billigen. Nach weiteren Verhandlungen einigte man sich in der Nacht vom 9. auf den 10. April auf das Saarstatut, so wie es dann Bestandteil des Friedensvertrags wurde. Ganz allgemein kamen die Arbeiten jetzt schneller voran. Am 14. April wurde amtlich mitgeteilt, die Deutschen würden für die Entgegennahme der Friedensbedingungen für den 25. April nach Versailles eingeladen. Marschall Foch erhielt den Auftrag, die entsprechenden Schritte zu tun, unterließ das aber, weil er mit dem für Frankreich Erreichten nicht zufrieden war. Das führte zu einer neuerlichen Missstimmung zwischen den Spitzenpolitikern. Clemenceau sah sich genötigt, selbst dafür zu sorgen, dass die Einladung ausgesprochen wurde. Da dabei nur von der Entgegennahme der Bedingungen, nicht aber von Verhandlungen die Rede war, antwortete der deutsche Außenminister Graf Brockdorff-Rantzau, er werde einen hohen Beamten des Auswärtigen Amtes zur Annahme des Textes entsenden. Clemenceau beharrte auf dem Kommen von Bevollmächtigten, die zur Unterzeichnung des Vertrags befugt waren. Die Reichsregierung nahm nun die Einladung unter der Voraussetzung an, „daß im Anschluß an die Übergabe des Entwurfs der Präliminarien Verhandlungen über deren Inhalt beabsichtigt" seien.[90] Da Clemenceau in seiner Antwort darauf nicht einging, rechnete man in Berlin damit, dass tatsächlich Verhandlungen stattfinden würden. Entsprechend wurde die deutsche Delegation zusammengesetzt. Sie bestand aus einigen Ministern, etlichen hohen Beamten und Offizieren, verschiedenen Sachverständigen, einem technischen Stab und Bürokräften und wurde von Journalisten begleitet. Am 27. April reiste sie von Berlin ab.

Nach ihrer Ankunft in Versailles zwei Tage später wurde sie in drei Hotels untergebracht, der ihr zugewiesene Bezirk „durch Stacheldraht gegen die Bewohner der Stadt abgeriegelt"[91]. Die Vollmachten wurden bald nach der Ankunft ausgetauscht, im Übrigen aber mussten die Deut-

---

90 Auswärtiges Amt (Hg.): Die Friedensverhandlungen in Versailles. Berlin 1919, S. 10

91 Cahén, Fritz Max: Der Weg nach Versailles. Erinnerungen 1912–1919. Schicksalsepoche einer Generation. Boppard 1963, S. 308

schen viele Tage untätig warten, denn bei ihrem Eintreffen war der Friedensvertrag immer noch nicht fertig. Die Arbeit daran wurde unter großem zeitlichen Druck fortgesetzt, und das hatte zur Folge, dass der Rat der Vier viele Artikel des Vertragswerks gar nicht zur Kenntnis nehmen konnte, sie gingen unmittelbar und also von den Letztverantwortlichen ungeprüft aus der Kommissionsarbeit in die Schlussredaktion ein. Als der für die Übergabe festgesetzte Termin unmittelbar bevorstand, gab es den Vertrag als Ganzes noch nicht, sondern nur seine einzelnen Bestandteile. Jetzt wurde er eiligst gedruckt. So hatte ihn niemand insgesamt und im Zusammenhang lesen und sich ein vollständiges Urteil bilden können.

Die Übergabe des Vertrags an die deutsche Delegation im Trianon-Palast in Versailles am 7. Mai 1919 dauerte nicht lange. Clemenceau begann seine stehend vorgetragene kurze Anrede an die ihm gegenübersitzenden Deutschen mit den Sätzen: „Es ist hier weder der Ort noch die Stunde für überflüssige Worte. Sie haben vor sich die Versammlung der Bevollmächtigten der kleinen und großen Mächte, die sich vereinigt haben, um den fürchterlichsten Krieg auszufechten, der ihnen aufgezwungen worden ist. Die Stunde der Abrechnung ist da. Sie haben uns um Frieden gebeten. Wir sind geneigt, ihn Ihnen zu gewähren." Dann betonte er, dass „dieser zweite Versailler Friede, der den Gegenstand unserer Verhandlungen bilden wird, von den hier vertretenen Völkern zu teuer erkauft worden" sei, „als daß wir nicht einmütig beschlossen haben sollten, sämtliche uns zu Gebote stehenden Mittel anzuwenden, um jede uns geschuldete berechtigte Genugtuung zu erlangen". Mündliche Verhandlungen werde es nicht geben, die deutschen Bevollmächtigten bekämen eine vierzehntägige Frist, um in englischer oder französischer Sprache „ihre schriftlichen Bemerkungen über die Gesamtheit des Vertrags zu überreichen". Darauf werde schriftlich geantwortet werden.[92] Auf diese in nicht einmal fünf Minuten in schroffem Ton vorgetragene Mitteilung antwortete Brockdorff-Rantzau ausführlicher. Er tat dies im Sitzen, weil er der Veranstaltung damit zum einen den Charakter einer Verhandlung statt eines bloßen Zeremoniells geben und zum anderen

---

92 Schwabe, Quellen zum Friedensschluß von Versailles, S. 242 f.

vermeiden wollte, wie ein Angeklagter vor den Richtern zu stehen. Dass nicht auch er sich erhob, wurde in der internationalen Presse übel vermerkt. Er räumte das Ausmaß der deutschen Niederlage ein, sprach von der „Wucht des Hasses, die uns hier gegenübertritt", erklärte dann, dass das Eingeständnis einer deutschen Alleinschuld am Kriege eine Lüge sei, und forderte eine unparteiische Untersuchung über das Maß der Schuld aller Beteiligten. Dabei sollten alle Hauptpersonen der Tragödie angehört und alle Archive ausgewertet werden. Dann unterstrich er, dass gemäß der Note Lansings vom 5. November 1918 „die Grundsätze des Präsidenten Wilson ... für beide Kriegsparteien ... bindend geworden" seien, dass die Alliierten und Assoziierten Mächte mithin auf einen Machtfrieden zugunsten eines Rechtsfriedens verzichtet hätten. Den ihm übergebenen Text nannte er einen Vorfrieden und sprach von der deutschen Bereitschaft, in gemeinsamer Arbeit mit den Siegermächten Zerstörtes wieder aufzubauen und der Menschheit neue Ziele politischen und sozialen Fortschritts zu zeigen; darüber werde am besten in besonderen Kommissionen gesprochen.[93] Mit allem brachte er zum Ausdruck, dass er eingehende Verhandlungen wünschte.

---

93 Ebd., S. 243–246, Zitate S. 243 und S. 245

Annehmen oder ablehnen?

Brockdorff-Rantzau verteilte die wenigen ihm übergebenen Exemplare des Friedensvertrags unter die Delegationsmitglieder und bat sie, ihm schnellstens ihre Beurteilung mitzuteilen. Sein Mitarbeiter Max Cahén, Verfasser der Rede des Ministers im Trianon-Palast, kam nach der ersten Lektüre, die ihn einige Stunden kostete, zu einem eindeutigen Befund: „Der Inhalt wirkte vernichtend, und es war klar, daß wir eine Unterschrift unter dieses Instrument nicht leisten durften."[94] Reichsjustizminister Otto Landsberg, der SPD angehörend, urteilte, Unterzeichnung oder Nichtunterzeichnung liefe auf dasselbe hinaus. Der Vertrag vernichte die deutsche Wirtschaft, es sei unklar, wie die wegen der Abtretung von Provinzen mit großer agrarischer Überschussproduktion nötigen vermehrten Lebensmittelimporte bezahlt werden sollten. Sodann stellte er fest: „Dieser Frieden ist ein langsamer Mord des deutschen Volkes, die Nichtunterzeichnung ist der Selbstmord." Er sprach sich jedoch nicht für eine sofortige Verwerfung aus, vielmehr müsse versucht werden, „da das Recht auf unserer Seite steht, eine Änderung dieses unerhörten Vertrages zu finden."[95] Brockdorff-Rantzau meinte, dieses Papier könne niemals unterzeichnet werden. Er schickte Cahén am 8. Mai nach Berlin, damit er Ministerpräsident Scheidemann persönlich über diesen Standpunkt informiere, und bat ihn zugleich, die Arbeit gegen die Unterzeichnung in Gang zu bringen. Am 9. Mai erklärte er in einer Note an Clemenceau erneut, dass die im November vereinbarte Basis des Rechtsfriedens verlassen sei. „Der Vertragsentwurf enthält Forderungen, die für kein Volk erträglich sind." Vieles sei zudem unerfüllbar. Das werde die deutsche Delegation im Einzelnen nachweisen.[96] So gingen im Laufe der nächsten knapp drei Wochen – die Bedenkfrist wurde etwas verlän-

---

94 Cahén, Der Weg nach Versailles, S. 314
95 Schwabe, Quellen zum Friedensschluß von Versailles, S. 246–248, Zitat S. 248.
96 Berber, Das Diktat von Versailles, S. 57 f.

gert – 20 Noten mit Gegenvorschlägen an den Vorsitzenden der Friedenskonferenz. Das letzte dieser Memoranden, vom 29. Mai, war eine
ausführliche Denkschrift. Ihr einleitender Teil stammte von dem Völkerrechtler Walther Schücking. Er erinnerte an den rechtsverbindlichen
Vorvertrag vom 5. November 1918, legte dar, wo die jetzt von den Alliierten aufgestellten Bedingungen davon abwichen, und stellte dann fest,
„daß dieser der deutschen Regierung unterbreitete Entwurf eines Friedensvertrags im schroffsten Widerspruch mit der vereinbarten Grundlage für einen dauernden Rechtsfrieden steht". Fast keine Bestimmung
entspreche der früheren Absprache. Der Entwurf verlange die Abtretung
rein deutschen Gebietes, bedeute die völlige Vernichtung des deutschen
Wirtschaftslebens und führe „das deutsche Volk in eine in der Weltge-
schichte nicht gekannte finanzielle Sklaverei". Daraus ergäben sich ver-
heerende Folgen für die Weltwirtschaft. Abschließend warb dieser Teil
der Denkschrift für die Wiederherstellung der zwischenstaatlichen Beziehungen aus einem neuen Geist.[97]

Der restliche Teil der Denkschrift folgte dem Aufbau des Friedensvertrags. Die Völkerbundakte fand die prinzipielle Zustimmung, allerdings
sollte sie um Vorschriften über eine weitgehende Liberalisierung des
Welthandels ergänzt und das Reich mit der Unterzeichnung des Friedensvertrags sogleich vollberechtigtes Mitglied werden. Die Begrenzung
des deutschen Heeres auf 100.000 Mann wurde angenommen, allerdings
eine verlängerte Übergangsfrist erbeten. Organisation und Bewaffnung
sollten der deutschen Entscheidung überlassen bleiben. Allen Gebietsabtretungen sollte eine Volksabstimmung nach Gemeinden vorangehen.
Die Regelungen über die Saar wurden verworfen, dafür Frankreich die
langfristige Versorgung mit Kohle zugesagt. Österreich sollte das Recht
zustehen, wieder in einen staatlichen Zusammenhang mit Deutschland
zu treten, wenn es das wünschte. Zu Oberschlesien hieß es, Deutschland
könne diese vorwiegend deutsche Provinz nicht entbehren. Polen sollte
den sicheren Zugang zum Meer nicht durch die Übertragung von Reichs-
gebiet, sondern über Freihäfen in Danzig, Königsberg und Memel erhal-

---

97 Die Gegenvorschläge der Deutschen Regierung zu den Friedensbedingungen. Vollständiger amtlicher Text. Berlin 1919, S. 19

ten. Der Verzicht auf die Kolonien wurde als ungerechtfertigt bezeichnet, zugleich aber zugesichert, dass ihre Verwaltung „nach den Grundsätzen des Völkerbundes" geführt werden sollte, „gegebenenfalls als dessen Mandatar". Die Bestimmungen über die deutschen Rechte und Interessen im Ausland, die auf eine Konfiskation, wenigstens aber auf eine starke Diskriminierung hinausliefen, nannte die Denkschrift ebenfalls ungerechtfertigt und drang darauf, auf sie zu verzichten. Die Forderung nach Auslieferung der deutschen Handelsflotte wurde zurückgewiesen und stattdessen vorgeschlagen, sie in einen Weltpool einzubringen. Auch könne das Reich langfristige Neubauverpflichtungen übernehmen. Der Feststellung des Gesamtbetrags der zu ersetzenden Schäden bis zum 1. Mai 1921 stimmte die Denkschrift zu, erbat aber die Mitwirkung Deutscher an der damit beauftragen Kommission, ebenso bei der Festlegung der Jahresraten. Zu der Absicht, den Kaiser vor Gericht zu stellen, hieß es, dafür gebe es keine Rechtsgrundlage. Die deutsche Regierung könne nicht zulassen, dass ein Deutscher von einem fremden Ausnahmegericht nach politischen Gesichtspunkten statt nach Grundsätzen des Rechts verurteilt werde. Auch die übrigen Auslieferungsverlangen verfielen der Ablehnung. Etwaige Verletzungen des Völkerrechts werde das Reich selbst ahnden. Die Frage, welche Handlungen während des Krieges so einzuordnen seien, müsse ein internationaler Gerichtshof mit deutscher Beteiligung klären.[98]

Die künftige Stellung Österreichs wurde bei der Zusammenfassung der deutschen Gegenvorschläge zu den Friedensbedingungen nur sehr knapp behandelt. Der dortige Provisorische Nationalrat hatte bereits am 12. November 1918 bei der gesetzlichen Verankerung der Republik einstimmig beschlossen: „Deutsch-Österreich ist ein Bestandteil der deutschen Republik. Besondere Gesetze regeln die Teilnahme Deutsch-Österreichs an der Gesetzgebung und Verwaltung der deutschen Republik sowie die Ausdehnung von Gesetzen und Einrichtungen der deutschen Republik auf Deutsch-Österreich."[99] Wenig später hatte

---

98 Ebd., S. 21–91, Zitat S. 48
99 Deutscher Geschichtskalender, 34. Jg., Bd. II.2, Oktober – Dezember 1918, S. 774

Außenminister Bauer das Wilson mitgeteilt und festgestellt: „Das deutsche Volk in Österreich hat damit, sein Selbstbestimmungsrecht ausübend, kundgetan, daß es fortan keiner Staatsgewalt unterworfen sein will als der, die es sich selbst einsetzt, und daß es die enge staatsrechtliche Verbindung mit Deutschland wiederherstellen will, die vor 52 Jahren durch das Schwert zerrissen worden ist."[100] Die deutsche Nationalversammlung hatte das am 21. Februar 1918 in einer Resolution mit großer Genugtuung zur Kenntnis genommen.

---

100 Berber, Das Diktat von Versailles, S. 536 f.

Die Schlussphase der Konferenz

Auch auf alliierter Seite gab es manches Unbehagen wegen der Friedensbedingungen. Wilson meinte gegenüber dem Mitglied seiner Delegation Baker, er würde den Vertrag nicht unterschreiben, wenn er ein Deutscher wäre, und Baker sah darin ein Instrument der Rache. Selbst Lansing, der den europäischen Verbündeten stärker zuneigte als Wilson, empfand ihn, nachdem er ihn vollständig gelesen hatte, als enttäuschend. „Die Friedensbedingungen erscheinen unsagbar hart und demütigend", und viele von ihnen hielt er für nicht zu verwirklichen.[101] Dem südafrikanischen Premierminister Smuts erschienen die Reparationsbestimmungen als nicht durchführbar, die Vergrößerung Polens nannte er unangemessen und eine Bedrohung des europäischen Friedens, und die lange Besetzung des Rheinlands rechnete er ebenfalls unter die Hauptfehler des Vertrags. Der junge britische Delegierte Harold Nicolson, dessen Vater Arthur 1914 als Unterstaatssekretär im Foreign Office einen harten Kurs gegenüber den Mittelmächten vertreten hatte, brachte sein Urteil in einem Brief an seinen Vater in die knappe Formel, der Vertrag sei „eine Schande für England"[102]. Lloyd George bemühte sich seit Ende Mai um eine Milderung der Deutschland gestellten Bedingungen und konzentrierte sich dabei in Übereinstimmung mit den Ministerpräsidenten der Dominien auf die Punkte, die auch Smuts genannt hatte, auf die Reparationsregelung, auf die Gebietszuweisungen an Polen und auf die Dauer der Rheinlandbesetzung. Clemenceau widersprach jeder Änderung der bis zum 7. Mai gefassten Beschlüsse. Hätte auch Wilson sich jetzt gegen ihn gestellt, hätte vielleicht mehr erreicht werden können, aber der Präsident wollte keinen neuerlichen Konflikt. Ihn leitete die Sorge, dass Frankreich den Völkerbund, an dem ihm sehr gelegen

---

101 Lansing, Robert: Die Versailler Friedensverhandlungen: Persönliche Erinnerungen. Berlin 1921, S. 205
102 Nicolson, Harold: Friedensmacher 1919. Peacemaking 1919. Berlin 1933, S. 333 (engl. Original: London 1933)

war, zur Diskussion stellen könnte – Clemenceau hatte einen solchen Hinweis gelegentlich nicht gescheut. So konnte Lloyd George nur wenig bewirken, eine Volksabstimmung in Oberschlesien, geringe territoriale Konzessionen an Deutschland im Osten und eine Begrenzung der Besatzungskosten im Rheinland. Auf Wunsch Dänemarks wurde die Abstimmung in der südlichen Zone Schleswigs gestrichen.

Die alliierte Stellungnahme zu den deutschen Gegenvorschlägen erging am 16. Juni in einer Mantelnote mit einer Denkschrift. Die zu Beginn der Mantelnote gegen Deutschland erhobenen schweren Vorwürfe wurden einleitend bereits erwähnt. Es folgten die Feststellung, dass der Frieden ein Rechtsfriede sei, sodann die geringen Konzessionen, zu denen sich der Rat der Vier verstanden hatte. Schließlich wurde der deutschen Delegation eine Frist von fünf Tagen für die Erklärung gesetzt, ob sie den Vertrag in der vorliegenden Fassung unterschreiben wolle. Bleibe diese Erklärung aus, sei der Waffenstillstand beendet, und die Alliierten und Assoziierten Mächte „werden diejenigen Schritte ergreifen, die sie zur Erzwingung ihrer Bedingungen für erforderlich halten".[103] Über diese Schritte wurde keine weitere Mitteilung gemacht. Worin sie bestanden hätten, erfuhr man in Berlin nur auf Umwegen. Beabsichtigt war in Norddeutschland ein Vormarsch bis zur Weser, im Süden ein Vorstoß mainaufwärts bis zur Grenze nach Böhmen, um Nord- und Süddeutschland voneinander zu trennen. Den süddeutschen Staaten sollten dann eigene Friedensverträge vorgelegt werden.

Unmittelbar nach Empfang der Mantelnote reiste die deutsche Delegation nach Weimar zum Sitz der Nationalversammlung ab. Unterwegs erarbeitete sie eine von den sechs Hauptbevollmächtigten unterzeichnete Denkschrift mit der Empfehlung, „daß die deutsche Regierung den Vertrag auch in der jetzt vorliegenden Form unbedingt ablehnen muß".[104] In Weimar wurde über die Entscheidung dieser Frage drei Tage im Reichskabinett, in den Fraktionen und mit den Ministerpräsidenten der Länder intensiv diskutiert. Dabei waren die Meinungen durchaus gegen-

---

103 Schwabe, Quellen zum Friedensschluß von Versailles, S. 357–369, Zitat S. 369.

104 Ebd., S. 373–377, Zitat S. 377

sätzlich. In der Regierung saßen gleich viele Befürworter wie Gegner der Unterschrift. Am 20. Juni traten Scheidemann und Brockdorff-Rantzau, beide entschiedene Gegner der Unterzeichnung, zurück. Ministerpräsident wurde nun der Sozialdemokrat Gustav Bauer, Außenminister sein Parteifreund Hermann Müller. Das neue Kabinett einigte sich am 21. Juni darauf, der Nationalversammlung die Zustimmung zur Unterzeichnung zu empfehlen. An diesem Tag lief die mit der Mantelnote gesetzte Frist ab, indessen hatten die Alliierten inzwischen eine Verlängerung um 48 Stunden zugestanden. Die Nationalversammlung debattierte über Annahme oder Ablehnung am 22. Juni, einem Sonntag, und sprach sich mit der deutlichen Mehrheit von 237 gegen 138 Stimmen (bei fünf Enthaltungen und einem ungültigen Votum) für die Annahme aus. Dabei machte sie den Vorbehalt, dass die Artikel 227 bis 231 über die Anklage des Kaisers und anderer Personen sowie über die Anerkennung der deutschen Kriegsschuld nicht gebilligt werden dürften. Das wurde Clemenceau unverzüglich mitgeteilt. In der Antwort vom gleichen Tage wurde jede Konzession abgelehnt und dick unterstrichen, dass die Zeit der Diskussionen vorbei sei. Nun musste sich die Nationalversammlung erneut mit dem Thema befassen, und es war gar nicht mehr sicher, ob sich bei Streichung des Vorbehalts noch eine Mehrheit für die Annahme finden werde. Die Zusicherung der Opposition, die Ehrenhaftigkeit derer nicht anzuzweifeln, die für den Verzicht auf den Vorbehalt waren, und vor allem die Erklärung des Generalquartiermeisters Groener, „die Wiederaufnahme des Kampfes" sei „Wahnsinn" und werde „einen restlosen Vernichtungskrieg Frankreichs gegen Deutschland zur Folge haben"[105], bewirkten, dass die Nationalversammlung schließlich am späten Nachmittag des 23. Juni mit großer Mehrheit die Ermächtigung zur Unterzeichnung gab. Zwei Stunden vor Ablauf der Frist teilte die deutsche Delegation Clemenceau mit, dass die Reichsregierung, „der übermächtigen Gewalt weichend und ohne damit ihre Auffassung über die unerhörte Ungerechtigkeit der Friedensbedingungen aufzugeben", zur Annahme und Unterzeichnung des dem Reich von den Alliierten und

---

105 Ebd., S. 389 f., Zitat S. 390

Assoziierten Mächten auferlegten Vertrags bereit sei.[106] Dieser Akt wurde am 28. Juni, einem Sonnabend, nachmittags zwischen 15 und 16 Uhr im Spiegelsaal des Schlosses von Versailles vollzogen, dort, wo am 18. Januar 1871 die Huldigung für Kaiser Wilhelm I. stattgefunden hatte. Die Szene war für die beiden deutschen Bevollmächtigten Hermann Müller und Reichsverkehrsminister Johannes Bell bewusst demütigend gehalten. Sie wurden, nachdem sich alle anderen Teilnehmer an der Zeremonie, etwa 1.000 Personen, versammelt hatten, von je einem Offizier der Hauptsiegermächte an ihren Platz geführt. Außer der geschäftsordnungsmäßigen Feststellung Clemenceaus über die Eröffnung der Sitzung fiel kein offizielles Wort. Müller und Bell unterzeichneten als Erste den Friedensvertrag und das zugehörige Rheinlandabkommen. Nachdem alle Unterschriften geleistet waren, schloss Clemenceau die Sitzung. Danach wurden „die Deutschen abgeführt ... wie Sträflinge von der Anklagebank".[107] Diesen Eindruck hatte jedenfalls Nicolson, und er empfand das Ganze als widerlich.

---

106 Hohlfeld, Dokumente, Bd. 3: Die Weimarer Republik 1919–1933, S. 35
107 Nicolson, Friedensmacher, S. 353

Der Versailler Vertrag

Nachdem die Nationalversammlung in Weimar am 9. Juli das Reichsgesetz betreffend den Friedensschluss zwischen den Alliierten und Assoziierten Mächten und dem Deutschen Reich mit großer Mehrheit verabschiedet hatte, unterschrieb Reichspräsident Ebert die Ratifikationsurkunde für den Vertrag noch am selben Tag. Sie wurde am 11. Juli in Paris übergeben und daraufhin die Blockade aufgehoben. Bei den Hauptsiegermächten und den übrigen am Kriege beteiligten Staaten zog sich das Ratifikationsverfahren länger hin. Nachdem es auch Großbritannien, Frankreich, Italien und Japan abgeschlossen und ihre Urkunden hinterlegt hatten, trat der Versailler Vertrag am 10. Januar 1920 in Kraft. Damit begannen alle in ihm genannten Fristen zu laufen. Eingeleitet wurde der Vertrag mit den Art. 1–26 der Völkerbundakte. In ihr wurde auch festgestellt, dass es nötig sei, die nationalen Rüstungen auf ein Mindestmaß herabzusetzen, hauptsächlich aber handelte sie über die Organisation des Bundes und über Schiedsverfahren. In der Anlage wurden neben den Gründungsmitgliedern auch die zum Beitritt eingeladenen Staaten aufgezählt, die besiegte Gruppe war nicht darunter, aber auch Russland und die auf dem Gebiet des einstigen Zarenreiches neu entstandenen Staaten nicht. Eingeladen wurden nur Neutrale. Auf die Völkerbundakte folgten die Beschreibung der Grenzen Deutschlands und zahlreiche politische Bestimmungen für Europa. Das Reich verlor mit Wirkung vom 11. November 1918 Elsass-Lothringen an Frankreich. Mit dem Inkrafttreten des Vertrags ging das kleine Gebiet um Moresnet an Belgien. Polen erhielt den größten Teil der Provinzen Posen und Westpreußen sowie den östlichen Zipfel Pommerns, die Tschechoslowakei das Hultschiner Ländchen in Schlesien. Das Gebiet nördlich der Memel fiel an die alliierten Hauptmächte. Volksabstimmungen über die künftige Gebietszugehörigkeit wurden vorgesehen für das rheinische Eupen-Malmedy, das Belgien aber sogleich besetzen durfte, für Oberschlesien, für Teile West- und Ostpreußens sowie für Nord- und Mittelschleswig. Danzig nebst angrenzendem Landgebiet wurde zu einer Freien Stadt

unter dem Schutz des Völkerbundes, wobei die Verkehrs- und Zollver-
waltung sowie die völkerrechtliche Vertretung Polen zugewiesen wurden. Das Saargebiet kam unter die Verwaltung des Völkerbundes, die
Bevölkerung sollte nach 15 Jahren über die endgültige staatliche Zuge-
hörigkeit entscheiden, die dortigen Bergwerke wurden Frankreich über-
eignet. Elbe, Oder, Memel und die Donau ab Ulm wurden internationa-
lisiert, in den für die Verwaltung zuständigen Kommissionen waren
Deutsche nur in der Minderheit. Das Reich musste die Unabhängigkeit
Österreichs anerkennen und zusagen, dass es sie als unabänderlich achten werde. Die gleiche Verpflichtung wurde ihm auch gegenüber der
Tschechoslowakei auferlegt. Luxemburg schied aus dem deutschen Zoll-
verband aus. Über die auswärtigen Rechte und Interessen Deutschlands
wurde großzügig zugunsten der Siegermächte verfügt. Die Kolonien
gingen an die Alliierten und Assoziierten Hauptmächte. Über ihr künf-
tiges Schicksal äußerte sich die Völkerbundakte. Nach Art. 22 sollte die
Vormundschaft über die dort lebenden, zur Selbstverwaltung noch nicht
fähigen Völker an die fortgeschrittenen Nationen übertragen werden,
die aufgrund ihrer Erfahrung dazu am besten geeignet waren; sie hatten
die Vormundschaft als Beauftragte des Völkerbundes zu führen. Weitere
Vorschriften betrafen die Einziehung der deutschen Rechte in China,
Siam, Liberia, Marokko, Ägypten, in der Türkei und Bulgarien wie
auf der Halbinsel Shantung. Das Reich durfte künftig nur noch eine
Berufsarmee von 100.000 Mann und eine kleine Flotte mit 15.000 Mann
Besatzung unterhalten, die allgemeine Wehrpflicht war untersagt.
Schwere Waffen und Luftstreitkräfte waren verboten. Im linksrheinischen Deutschland und in einer 50 km breiten Zone rechts des Flusses
war die Unterhaltung von Truppen und Befestigungsanlagen nicht ge-
stattet. Auch die Polizei wurde Beschränkungen unterworfen. Zur Kont
rolle all dessen durfte sich eine Überwachungskommission in Deutschland aufhalten, überdies musste das Reich sich für die Geltungsdauer des
Vertrags verpflichten, jede Untersuchung, die der Völkerbundsrat für
nötig hielt, nach Kräften zu fördern. Die schnellstmögliche Heimschaf-
fung der deutschen Kriegsgefangenen wurde zugesagt. Vor einem besonderen Gerichtshof sollte der nun im holländischen Exil lebende Kaiser
Wilhelm II. „wegen schwerster Verletzung der internationalen Moral

und der Heiligkeit der Verträge" unter öffentliche Anklage gestellt werden (Art. 227). Deutschland musste in die Auslieferung derjenigen an die Alliierten, denen Kriegsverbrechen vorgeworfen wurden, und in ihre Aburteilung durch Militärgerichte einwilligen. Der Teil VIII des Vertrags über die Wiedergutmachung verlangte ihm das Eingeständnis seiner Schuld am Kriege ab – dieser Art. 231 wurde oben schon zitiert. Eine interalliierte Reparationskommission hatte bis zum Mai 1921 die Gesamtsumme der zu erstattenden Schäden zu ermitteln, die deutsche Leistungsfähigkeit zu prüfen und einen Zahlungsplan aufzustellen. Zusätzlich zu den Zahlungen hatte das Reich für eine Reihe von Jahren umfangreiche Materiallieferungen zu leisten. Es musste den größten Teil seiner Handelsflotte, zahlreiche Binnenschiffe und sehr viel Eisenbahnmaterial übergeben. Es verlor seine Überseekabel und seinen Besitz im Ausland und musste Privatpersonen für ihr dort enteignetes Vermögen entschädigen; dazu gehörten auch Patente. Des Weiteren musste es sich vielerlei Vorschriften zur Beeinträchtigung seines Handels unterwerfen und den Siegermächten das Meistbegünstigungsrecht ohne Gegenleistung einräumen. Um die Durchführung des Friedensvertrags zu gewährleisten, musste es die Besetzung des linksrheinischen Deutschland und rechtsrheinischer Brückenköpfe bei Köln, Koblenz, Mainz und Kehl durch alliierte Truppen hinnehmen. Die Kölner Zone sollte nach fünf, die Koblenzer nach zehn und die Mainzer, die mehr als die Hälfte des Besatzungsgebietes umfasste, nach fünfzehn Jahren geräumt werden. Allerdings war eine Wiederbesetzung nach Ablauf dieser Fristen möglich, wenn die Wiedergutmachungskommission feststellte, dass das Reich die ihm durch den Friedensschluss auferlegten Verpflichtungen nicht oder nicht vollständig erfüllte. Die Kommission hatte derartige Verfehlungen sogleich jeder betroffenen Macht mitzuteilen und die dagegen zu ergreifenden Maßnahmen vorzuschlagen. Deutschland durfte das nicht als feindselige Handlung betrachten.

Die Volksabstimmungen wurden überwiegend 1920 durchgeführt. Die in Eupen-Malmedy war praktisch eine Fiktion und ging so eindeutig zugunsten Belgiens aus. In der nördlichen Zone Schleswigs ergab sich eine Mehrheit für Dänemark, in West- und Ostpreußen war eine ganz große Majorität für Deutschland. Die Volksabstimmung in Oberschlesien erbrachte im März 1921 eine Dreifünftelmehrheit für Deutschland; daraus lässt sich entnehmen, dass auch zahlreiche Polnischsprachige für den Verbleib beim Reich stimmten. Dennoch wurde die Provinz nach einigen Monaten gemäß einem Gutachten des Völkerbundes mit eindeutiger Bevorzugung Polens geteilt. Vor der Abstimmung gab es einige von der Republik Polen unterstützte, von einem kleinen Teil der polnischen Bevölkerung getragene Aufstände, die vollzogene Tatsachen schaffen sollten; die in der Provinz stationierten französischen Truppen sahen ihnen tatenlos zu, statt für Ruhe und Ordnung zu sorgen. Ohne das Saarland, das völkerrechtlich weiter zu Deutschland gehörte, aber seiner Verwaltung entzogen war, beliefen sich die Gebietsverluste auf 70.579 km^2 mit etwas mehr als 6,4 Mill. Einwohnern, mithin auf 13 Prozent der Fläche und 10 Prozent der Bevölkerung des Reichs vor dem Kriege. In den an Polen übergehenden Territorien waren drei Fünftel der Einwohner Polen, etwas mehr als ein Drittel Deutsche, der Rest gehörte anderen Volksgruppen an. Mit den Abtretungsgebieten verlor Deutschland die Hälfte seiner Eisenerzförderung, ein Viertel seiner Kohlenausbeute und ein Siebtel seiner landwirtschaftlichen Produktion. Unter Einrechnung des Saargebietes war der Aderlass im Montanbereich noch gravierender. Die Strafbestimmungen in den Art. 227–230 blieben auf dem Papier. Die niederländische Regierung weigerte sich trotz heftigen Drängens der Alliierten standhaft, das dem Kaiser gewährte Asyl zu verletzen. Das Reich kam der Verpflichtung zur Auslieferung der anderen Beschuldigten nicht nach und bot an, diese Personen vor das Reichsgericht zu stellen. Das akzeptierten die Alliierten im Februar 1920.

Zweierlei Frieden: Brest-Litowsk und Versailles

Mit dem von Prinz Max am 3. Oktober 1918 erbetenen und von Lansing fünf Wochen später, am 5. November, mit einigen Abstrichen zugesagten Frieden auf der Grundlage der Vierzehn Punkte und weiterer Erklärungen Wilsons hatte der Versailler Vertrag nicht viel zu tun. Es war nicht der Wilson-Frieden, den sich die deutsche Öffentlichkeit erhofft hatte. Die Bezeichnung Clemenceau-Friede träfe den Sachverhalt eher, wiewohl der französische Ministerpräsident sein weitgestecktes Programm nur zum Teil durchsetzen konnte. Das Friedensinstrument sollte Deutschland für lange Zeit schwere Fesseln anlegen, es in seiner Entwicklung behindern und es auf die Stufe einer zweitrangigen Macht herabdrücken. Seine Annahme wurde mit der ultimativen Drohung erzwungen, andernfalls den Krieg wieder aufzunehmen. Für einen solchen Feldzug hatten sich die Siegermächte mit den Waffenstillstandsbedingungen die besten Voraussetzungen geschaffen, für das deutsche Heer wäre er ein Opfergang gewesen. Angesichts dieser Tatsachen ist es gerechtfertigt, von einem Diktat- oder Gewaltfrieden zu sprechen. Das Wort „Vertrag" ist für das am 28. Juni 1919 unterzeichnete Dokument bei genauem Hinsehen nicht verwendbar. Ein Vertrag setzt voraus, dass die Beteiligten vorher über seinen Inhalt sprechen, es sei denn, die Bedingungen wären von vornherein so formuliert worden, dass sich ein solches Gespräch erübrigte. Während der Pariser Friedenskonferenz verhandelten aber die Sieger nur untereinander, die Möglichkeit für den unterlegenen Part, schriftliche Gegenvorschläge zu machen, könnte man nur dann als Verhandlung auffassen, wenn aus ihnen ein wirkliches Gespräch erwachsen wäre. Die von Wilson so häufig beschworene „Gerechtigkeit" begegnete in dem Friedensinstrument nicht, wohl aber an etlichen Stellen, namentlich in Art. 231, ein außerordentliches Maß an Selbstgerechtigkeit. Mit ihr wurde die auf der Pariser Konferenz vor allem von Frankreich, aber auch von Großbritannien und anderen Staaten betriebene Machtpolitik bemäntelt. In der Reihe der europäischen Friedensschlüsse seit dem späten 17. Jahrhundert war der Versailler Vertrag ein einzigartiger Vorgang – mit einer Ausnahme. Das war der Frieden von Tilsit, den Napoleon Preußen im Sommer 1807 auferlegte. Die französischen Bedingungen wurden am 7. Juli überreicht. Preußen konnte darüber nicht verhandeln, sondern musste sich binnen 48 Stunden über Annahme oder Ablehnung klar werden. Nach der militärischen Lage und der gesamtpolitischen Situation blieb keine andere Wahl als die Unterzeichnung. Das geschah am 9. Juli. Preußen verlor damals die Hälfte seines Territorialbestandes. Eine drei Tage später abgeschlossene Zusatzkonvention versprach zwar eine schnelle Räumung des Landes von den französischen Truppen, machte den Abzug aber davon abhängig, dass Preußen alle ihm auferlegten Kontributionen bezahlt hatte. Deren Höhe wurde jedoch nicht festgesetzt. So blieb die Besatzung jahrelang, und die finanziellen Belastungen waren außerordentlich hoch.

Der Verweis darauf, dass die Mittelmächte Russland in Brest-Litowsk einen Frieden ähnlich dem von Versailles auferlegt hätten, hält den Tatsachen nicht stand. Gewiss: Russland musste erhebliche Gebiets- und Bevölkerungsverluste hinnehmen, aber sie standen im Einklang mit dem Willen der betroffenen Völker. Finnen, Esten, Letten, Litauer, Polen und Ukrainer strebten in der großen Mehrheit nach Selbstständigkeit. Russlands Souveränität blieb unangetastet und wurde nicht durch langjährige Verpflichtungen und Kontrollmechanismen beeinträchtigt. Ihm wurden keine wirtschaftlichen und militärischen Beschränkungen auferlegt und keine finanziellen Lasten. Der Friedensvertrag von Brest-Litowsk sah im Gegenteil den wechselseitigen Verzicht beider Mächte auf den Ersatz von Kriegskosten und Kriegsschäden vor. Ein Eingeständnis der Kriegsschuld wurde Russland nicht abgenötigt, und der Vertrag nahm ausdrücklich die seit 1648 durch mehr als 150 Jahre in fast allen Friedensverträgen begegnende sogenannte Oblivionsklausel auf, dass nämlich die Kontrahenten fortan in Frieden und Freundschaft miteinander leben wollten; im 19. Jahrhundert kam sie dagegen weniger häufig vor. In Brest-Litowsk saßen sich beide Seiten am Konferenztisch gegenüber und verhandelten. Strittig blieb ein zentraler Punkt, wie nämlich das Selbstbestimmungsrecht der Völker am westlichen Rand des vormaligen Zarenreiches zum Ausdruck kommen sollte. Die Mittelmächte wollten sie der Entscheidung der Vertretungen der betroffenen Völker nach Inkrafttreten des Friedensvertrags überlassen, mit dem berechtigten Vorbehalt, dass währenddessen ihre Truppen noch im Lande stünden. Berechtigt war dieser Vorbehalt, weil anzunehmen war, dass die Bolschewisten ihre Revolution nach dem Abzug der Mittelmächte in diese Länder tragen würden. Russland wollte Plebiszite erst nach der Räumung. Die Sowjetführung hätte dann dafür gesorgt, dass sie in ihrem Sinne ausfielen. Den Streit über diese Frage nutzte die russische Seite schließlich zu ihrem höchst ungewöhnlichen Versuch, den Krieg einseitig für beendet zu erklären. Dass die Mittelmächte dies als Kündigung des Waffenstillstandes werteten, war völkerrechtlich einwandfrei. Der Waffenstillstand vom Dezember 1917 hatte, anders als der von Compiègne, beiden Seiten den militärischen Status quo gewahrt und nicht der einen Seite eine riesige Überlegenheit verschafft. Dass die russische Armee während des Waffenstillstandes zerfiel, war den Mittelmächten nicht anzulasten. Ganz anders hatte der Deutschland im November 1918 gewährte Waffenstillstand dessen militärische Situation derart ungünstig verändert, dass eine Wiederaufnahme des Kampfes, mit General Groener, „Wahnsinn" gewesen wäre. So muss man das Abkommen von Compiègne einer bedingungslosen Kapitulation gleichstellen. Es nahm dem Deutschen Reich die Möglichkeit, sich gegen die ihm auferlegten nicht ausgehandelten Friedensbedingungen zu wehren. So ist festzustellen, dass die Verträge vom 3. März 1918 und vom 28. Juni 1919 sich nach Zustandekommen und Inhalt grundlegend unterschieden.

Die Friedensverträge mit Deutschlands Verbündeten

Noch vor der Übergabe des Friedensinstruments an die deutsche Delegation wurde am 2. Mai 1919 die österreichische Delegation nach St. Germain-en-Laye zur Aushändigung der Friedensbedingungen eingeladen. Wiewohl die Deutschland betreffenden Fragen von der Konferenz nun erledigt waren, wurde der für Österreich bestimmte Vertragstext nicht rechtzeitig fertig. Als er am 2. Juni dem Staatskanzler Renner übergeben wurde, fehlten noch die Bestimmungen hinsichtlich Italiens, des Militärwesens und der Reparationen. Erst ein Vierteljahr später, am 2. September, wurde der endgültige Text ausgehändigt, er war geringfügig zugunsten Österreichs verbessert worden. Die österreichische Nationalversammlung nahm ihn schon nach wenigen Tagen an, unter Protest gegen die Verweigerung des Selbstbestimmungsrechts für Deutsch-Österreich und die Zuweisung von 3,5 Mill. Deutschen in Böhmen und Mähren an die Tschechoslowakei. Die Mehrheit für die Annahme war groß. Der Vertrag wurde am 10. September unterzeichnet und trat nach Hinterlegung der Ratifikationsurkunden am 15. Juli 1920 in Kraft. Die ungarische Delegation wurde wegen des Zwischenspiels der Räterepublik und der daraus erwachsenen schweren Wirren erst Ende November 1919 zur Entgegennahme des Ungarn betreffenden Vertragswerks eingeladen, die Übergabe erfolgte am 15. Januar 1920 mit einer zweiwöchigen Frist zur Stellungnahme. Die Ungarn verlangten die Aufrechterhaltung ihres Staates in seiner bisherigen Gestalt, auf jeden Fall aber Volksabstimmungen in den Abtretungsgebieten. Dies verwarf der Oberste Rat der Alliierten Anfang Mai. Daraufhin nahm Ungarn den Vertrag unter Protest an. Er wurde am 4. Juni 1920 in Trianon unterzeichnet und trat im Juli 1921 in Kraft.

Die beiden Verträge von St. Germain und Trianon besiegelten den Zerfall des Doppelstaates, der sich Ende 1918 vollzogen hatte, förmlich. Die Republik Österreich wurde auf Ober- und Niederösterreich, Salzburg, Nordtirol, Steiermark, Kärnten und Vorarlberg beschränkt. Von der vormaligen österreichischen Reichshälfte gingen Galizien an Polen,

Böhmen und Mähren an die Tschechoslowakei, ebenso ein Teil von Österreichisch-Schlesien, während der andere Teil Polen zufiel. Südtirol und das Küstenland (Triest, Istrien) fielen an Italien, das frühere Herzogtum Krain, im Wesentlichen das heutige Slowenien, und andere Landstriche an der neuen Südgrenze an Jugoslawien, die Bukowina an Rumänien. Ungarn verlor die Slowakei an die Tschechoslowakei, das Banat und Siebenbürgen an Rumänien, die Batschka und das heutige Kroatien an Jugoslawien, dem auch Bosnien-Herzegowina zufiel. Westungarn, das Burgenland, sollte an Österreich gehen. Hatte das Habsburgerreich vor dem Kriege etwas mehr als 677.000 km^2 mit 53,4 Mill. Einwohnern gezählt, so verblieben Österreich nur 28 Prozent seines alten Territoriums und 23 Prozent seiner früheren Bevölkerung, Ungarn ebenfalls 28 Prozent der Fläche und 37 Prozent der Bevölkerung. Auf Machtinteressen der begünstigten Staaten wurde bei dieser Verteilung von Land und Leuten weitaus mehr geachtet als auf das Selbstbestimmungsrecht. Millionen von Deutschen und Ungarn gerieten unter fremde Herrschaft. Eine klare Grenzziehung war wegen der ethnischen Gemengelage gewiss vielfach nicht möglich, man hätte aber zu den Gegebenheiten angemesseneren Lösungen kommen können. Der Anschluss Österreichs an Deutschland wurde verboten. Wie dem Deutschen Reich, so wurde auch Österreich und Ungarn die Pflicht zur Zahlung von Reparationen bis zur Grenze der Leistungsfähigkeit auferlegt. Nur diese beide Staaten hafteten für alle Kriegsschäden, die der untergegangenen Gesamtmonarchie angelastet wurden, nicht auch die anderen Nachfolgestaaten. Die Gesamtsumme sollte bis 1921 festgesetzt werden. Die allgemeine Wehrpflicht wurde verboten, die Heeresstärke für Österreich auf 30.000, für Ungarn auf 35.000 Mann beschränkt. Kriegsverbrecher waren auszuliefern. Beiden Staaten wurden wie Deutschland Sachlieferungen in großem Umfang abverlangt und diskriminierende wirtschaftliche Bestimmungen auferlegt. Bei Nichterfüllung all dieser Verpflichtungen mussten sie mit wirtschaftlichen Sperr- und Vergeltungsmaßnahmen rechnen. Die Friedensverträge von St. Germain und Trianon waren ganz im Geiste dessen von Versailles gehalten. Das gilt ebenso für den am 27. November 1919 in Neuilly unterzeichneten Friedensvertrag mit Bulgarien.

Das Osmanische Reich löste sich bei Kriegsende auf. Die arabischen Teile wurden gemäß dem Sykes-Picot-Abkommen von England und Frankreich in Besitz genommen, die Araber bekamen damit neue Herren. Nur die Unabhängigkeit des Hedschas wurde anerkannt. In Anatolien überschnitten sich verschiedene Interessen, neben den türkischen griechische, armenische, kurdische, die der Westmächte und Italiens. Die Macht der osmanischen Regierung reichte kaum über Konstantinopel hinaus. Der nach massivem Druck – im März 1920 wurde Konstantinopel von alliierten Truppen besetzt – im August 1920 in Sèvres unterzeichnete Friedensvertrag sollte die Türkei zu einem Rumpfstaat auf einem kleinen Teil des zuvor von Konstantinopel aus beherrschten Raumes machen und sie durch Wiederinkraftsetzung der Kapitulationen und eine Finanzkontrolle durch die Siegermächte zu beachtlichen Teilen ihrer Souveränität berauben. Er wurde nicht ratifiziert. Erst nach langen kriegerischen Auseinandersetzungen in Anatolien, die Ströme von Blut kosteten, begannen im November 1922 Verhandlungen zwischen der – jüngst zur Republik unter Mustafa Kemal Pascha gewordenen – Türkei einerseits und England, Frankreich, Italien, Japan und Griechenland andererseits. Sie führten im Juli 1923 zum Friedensvertrag von Lausanne. Anders als die Verträge von Versailles, St. Germain, Trianon, Neuilly und Sèvres war dies kein Diktat, sondern ein wirklicher Vertrag. Er gab der Türkei ihre heutige territoriale Gestalt und anerkannte ihre volle Souveränität. Die Kapitulationen wurden aufgehoben, Reparationen nicht gefordert.

Von Versailles zum Young-Plan

In Deutschland stieß der Versailler Vertrag weithin und nachhaltig auf entschiedene Ablehnung, sie galt in besonderem Maße dem Artikel 231, der bald auf den Begriff der Kriegsschuldlüge gebracht wurde. Aber auch in anderen Staaten wurde er keineswegs einhellig positiv aufgenommen. Der junge britische Nationalökonom John Maynard Keynes schied demonstrativ aus der britischen Delegation aus und fasste seine Kritik in dem 1920 erschienenen Buch „Die wirtschaftlichen Folgen des Friedensvertrags" zusammen. Darin wollte er zeigen, dass Clemenceaus „Karthago-Frieden ... nicht richtig oder möglich ist". Die zukünftig herrschenden tieferen Wirtschaftsströmungen seien übersehen worden. Die Uhr lasse sich nicht zurückstellen. „Man kann Mitteleuropa nicht auf 1870 zurückschrauben, ohne den Bau Europas so zu verbiegen, solche menschlichen und geistlichen Kräfte zu entfesseln, daß sie, über Grenzen und Rassen hinwegflutend, nicht allein die Menschen und ihre ‚Bürgschaften', sondern ihre Einrichtungen und die bestehende Gesellschaftsordnung stürzen werden."[108] Der Autor sah schwere wirtschaftliche Verwerfungen voraus. Seine Kritik wurde weithin beachtet und trug wesentlich dazu bei, dass sich das britische Urteil über Deutschland wandelte. In Frankreich wandte sich die Linke gegen den Versailler Vertrag, weil sie ihn für zu hart hielt. Die Rechte empfand ihn dagegen als zu milde und bedauerte, dass das Hauptziel der französischen Deutschlandpolitik, die Umwandlung des Reiches in einen lockeren Bund, nicht erreicht worden war. Der Außenminister Frankreichs 1914/15, Théophile Delcassé, der 1914 das Werk Bismarcks zerschlagen wollte, stimmte in der Kammer nicht für den Versailler Vertrag. Es sei, so sagte er einem Journalisten, „unsinnig zu behaupten, man könne eine Nation von 60 Millionen Einwohnern dazu anhalten, einer anderen durch 44 Jahre

---

108 Keynes, John Maynard: Die wirtschaftlichen Folgen des Friedensvertrages. Übersetzung von Moritz Julius Bonn und Carl Brinkmann. München 1920, S. 27 (engl. Orig. London 1919)

einen Tribut zu zahlen. Das ist geradezu so, als wollte man dies Volk zwingen, einen neuen Krieg zu beginnen."[109] Einige Jahre später legte der langjährige außenpolitische Redakteur des Journal des Débats und zeitweilige Diplomat Alcide Ebray eine sehr kritische Studie über den Vertrag vor und empfahl eine Revision. Er gestand der Donaumonarchie das Recht zu einem Präventivkrieg gegen Serbien zu, um weiteren Gefahren vorzubeugen, und betonte, dass Russland keinerlei Verpflichtung zur Hilfe für Serbien gehabt habe. Dem Zaren sei sehr wohl bewusst gewesen, dass die Mobilmachung einer Kriegserklärung gleichzusetzen war. Deutschland bescheinigte er, in Wien und in St. Petersburg für die Rückkehr zu einer versöhnlichen Haltung gewirkt zu haben, weit mehr als Frankreich. Faktisch habe Deutschland einen Präventivkrieg geführt, um Frankreich nicht die Wahl des Augenblicks zu überlassen. Über das den Besiegten entrissene Schuldeingeständnis sagte er, es habe keinen Wert, weder moralisch noch politisch, noch historisch. Ausführlich beschäftigte er sich mit der Blockade, die „unmenschlicher als der U-Bootkrieg" gewesen sei, und mit dem Bruch der griechischen Neutralität und kam zu dem Schluss, dass die Entente den Krieg mit diesen beiden Völkerrechtsverletzungen gewonnen habe. Sodann belegte er, wie vielfach der Friedensvertrag die Prinzipien Wilsons verletzte, und warf Wilson vor, seinen Grundsätzen in Paris keine Geltung verschafft zu haben. „Seine Schwäche trägt Schuld an allem Übel." So kam ein unsauberer Friede zustande.[110]

Im amerikanischen Senat kam am 19. März 1920 die erforderliche Zweidrittelmehrheit für die Ratifikation des Vertrags nicht zustande. Der Hauptgrund dafür waren Vorbehalte gegenüber dem Völkerbund. Entsprechend blieben die Vereinigten Staaten dem Völkerbund fern und vergaben damit die Möglichkeit, mäßigend auf die europäische Politik einzuwirken. So war der Völkerbund, von dem Deutschland noch jahrelang ausgeschlossen blieb, zunächst ganz eindeutig ein Instrument der Sieger. In einem im August 1921 in Washington mit Deutschland

---

109 Zit. nach Ebray, Alcide: Der unsaubere Frieden (Versailles). Übersetzung von Thea Nowak. Berlin 1925, S. 332 (frz. Orig. Milano 1924)
110 Ebd., S. 39 und S. 322

geschlossenen separaten Friedensvertrag sicherten sich die USA alle aus dem Versailler Vertrag für sie herrührenden wirtschaftlichen Rechte.

Wegen der Durchführung des Friedensvertrags gab es immer wieder Konflikte zwischen den Siegermächten und dem Deutschen Reich, die meisten und schwersten wegen der Wiedergutmachung. Über die Gesamtsumme der Forderungen, die anfallenden Jahresraten, die Zahlungsmodalitäten und den Verteilungsschlüssel verhandelten die Alliierten in einer dichten Folge von Konferenzen. Im Juli 1920 legten sie fest, dass Frankreich 52 Prozent, England 22 Prozent, Italien 10 Prozent, Belgien 8 Prozent erhalten und der Rest an andere Staaten fallen sollte. Ende Januar 1921 einigten sie sich darauf, dass Deutschland innerhalb von 42 Jahren insgesamt 226 Mrd. Goldmark zahlen sollte. Die Raten sollten von anfänglich 2 Mrd. Goldmark während der ersten elf Jahre allmählich ansteigen und in den dann folgenden 31 Jahren bei jeweils 6 Mrd. liegen, eine gemessen am deutschen Haushaltsvolumen ganz außerordentliche Belastung. Die Goldmark war keine Währungs-, sondern eine Rechnungseinheit und entsprach der Goldparität der Mark im Jahre 1914 oder 10/42 Golddollar. Reichsaußenminister Simons, ein parteiloser Jurist, der, aus dem Richterstand kommend, Karriere im Ministerialdienst gemacht hatte, sagte dazu am 1. Februar in einer Regierungserklärung vor dem Reichstag, diese Forderung entspreche nicht dem Versailler Vertrag und laufe auf eine wirtschaftliche Versklavung des deutschen Volkes hinaus. Während der Londoner Konferenz in der ersten Märzwoche legte er den alliierten Spitzenpolitikern die deutsche Sicht ausführlich dar, verwies auf die bis dahin schon erbrachten hohen Leistungen, die einzurechnen seien, und entwickelte einen deutschen Zahlungsplan.

Für die nächsten fünf Jahre bot er je 1 Mrd. Goldmark an, die vor allem in Sachleistungen für den Wiederaufbau des Kriegsgebietes bestehen sollten. Dies Angebot knüpfte er an einige Bedingungen, dabei forderte er auch die Liberalisierung des Welthandels. Die Alliierten wiesen den Vorschlag zurück, und Lloyd George erklärte, dass sie nun leider gezwungen seien, Sanktionen zu verhängen. Das geschah sofort. Am 8. März besetzten französische Truppen Düsseldorf, Duisburg und Ruhrort, ein Gebiet mit fast 800.000 Einwohnern; der im besetzten

Gebiet aufkommende Zoll wurde beschlagnahmt. Das Reich wandte sich Hilfe suchend an die USA und bot an, sich einem amerikanischen Schiedsspruch bedingungslos zu unterwerfen. Am 20. April wurde die Grenze des gesamten besetzten Gebietes von der Interalliierten Rheinlandkommission zur Binnenzoll-Linie erklärt. Wenig später ließ die Wiedergutmachungskommission wissen, dass Deutschland 132 Mrd. Goldmark zu zahlen habe – der im Januar festgelegte Gesamtbetrag war damit erheblich reduziert. Ultimativ verlangten die Alliierten am 5. Mai die Anerkennung dieser Gesamtsumme und die baldige Erfüllung weiterer Verpflichtungen aus dem Friedensvertrag. Die deutschen Zahlungen sollten sich auf jährlich 2 Mrd. Goldmark und 25 Prozent des Wertes der deutschen Ausfuhr, mithin nochmals etwa eine Milliarde, belaufen. Das Reich müsse seine Zustimmung innerhalb von sechs Tagen erklären, andernfalls werde das Ruhrgebiet besetzt. Natürlich nahm es angesichts dieser massiven Drohung am 11. Mai das Ultimatum an.

Auch die nunmehrigen Anforderungen belasteten die deutsche Leistungsfähigkeit außerordentlich. Es ließ sich nicht vermeiden, dass nicht alle Lieferungen ganz pünktlich erfolgten. Das war Poincaré, der seit Anfang 1922 französischer Ministerpräsident war, durchaus willkommen, hatte er damit doch die Handhabe zu neuen Sanktionen. Unter Hinweis auf ausstehende Kohle- und Holzlieferungen besetzten französische und belgische Truppen am 11. Januar 1923 das gesamte Ruhrgebiet, also die bedeutendste Industrieregion des Reiches. Die Frage, ob dieser ausgreifende Schritt mit den in den §§ 17 und 18 der Anlage II zum Teil VIII des Versailler Vertrags genannten, durch die Umstände gebotenen Maßnahmen vereinbar war, ist zu verneinen. Dafür war der Rückstand, um den es ging, zu gering. Mit seiner Militäraktion bezweckte Poincaré auch etwas ganz anderes, nämlich die Lockerung des Reichsgefüges und auf jeden Fall eine andere Stellung des Rheinlandes. Mit der Ruhrbesetzung, die mit großer Härte gehandhabt wurde, sollte erreicht werden, was Clemenceau 1919 nicht hatte durchsetzen können. Die Ruhraktion war eindeutig ein Bruch des Versailler Vertrags. Aber sie hatte ganz andere als die von Poincaré erwarteten Folgen. Nach längerem Zögern stellte sich England klar gegen diese Politik. Es kam zu neuen Gesprächen über und mit Deutschland. Sie führten zu einer Zwischenlösung in der Frage der Wiedergutmachung, dem 1924 verabschiedeten Dawes-Plan, zum Verzicht Frankreichs und Belgiens einer- und Deutschlands andererseits auf jede gewaltsame Veränderung der gemeinsamen Grenze und der Garantie dieser Grenze durch England und Italien in dem im Dezember 1925 unterzeichneten Vertrag von Locarno, zu einigen weiteren Abkommen, die mit der Friedensregelung zusammenhingen und zur Aufnahme Deutschlands in den Völkerbund im September 1926, also zu einer verbesserten internationalen Stellung des Reiches. Die französischen Wähler honorierten Poincarés Deutschlandpolitik nicht, er verlor bei den Kammerwahlen im Mai 1924 die Mehrheit.

Über die endgültige Lösung des Reparationsproblems verhandelte eine von Deutschland, Frankreich, Großbritannien, Italien, Japan, Belgien und den USA beschickte Expertenkommission unter Vorsitz des amerikanischen Wirtschaftsführers Owen D. Young ab Februar 1929 in Paris. Sie erstattete im Juni ihr Gutachten, den bald so genannten Young-Plan, das Einverständnis der betroffenen Regierungen folgte Ende August und formalisiert wurde diese Übereinkunft im Januar 1930 im Haager Abkommen. Das Deutsche Reich verpflichtete sich zur Aufbringung von insgesamt 116 Mrd. Mark, verteilt auf 58 Jahre und sechs Monate. Die Zahlungen sollten am 1. April 1930 beginnen und im Herbst 1988 enden. Die für das erste volle Jahr geforderte Summe von 1,8 Mrd. entsprach 26,4 Prozent des Reichshaushalts von 1928. Die Raten sollten in der Folge allmählich ansteigen, 1965/66 das Maximum von etwas mehr als 2,4 Mrd. erreichen und danach wieder sinken. Am 30. Juni 1930 sollte die Rheinlandbesetzung enden.

Schon das Gutachten der Expertenkommission vom Juni 1929 löste in Deutschland weithin Empörung aus, die lange bestehen blieb. Die Deutschnationale Volkspartei (DNVP), der Frontkämpferbund „Stahlhelm" und die NSDAP beantragten im September ein Volksbegehren gegen den Young-Plan. Das gewünschte „Gesetz gegen die Versklavung des deutschen Volkes" sollte die Reichsregierung zu der unverzüglichen Erklärung gegenüber den Alliierten verpflichten, „daß das erzwungene Kriegsschuldanerkenntnis des Versailler Vertrags der geschichtlichen Wahrheit widerspricht, auf falschen Voraussetzungen beruht und völkerrechtlich unverbindlich ist". Sie sollte darauf hinwirken, dass Art. 231

und die die Rheinlandbesetzung betreffenden Artikel 429 und 430 förmlich außer Kraft gesetzt und die besetzten Gebiete unverzüglich geräumt wurden. § 3 des entsprechenden Gesetzesentwurfs besagte: „Auswärtigen Mächten gegenüber dürfen neue Lasten und Verpflichtungen nicht übernommen werden, die auf dem Kriegsschuldanerkenntnis beruhen." Ausdrücklich wurden hier die Verpflichtungen genannt, „die auf Grund der Vorschläge der Pariser Sachverständigen und nach den daraus hervorgehenden Vereinbarungen von Deutschland übernommen werden sollen". Reichskanzler, Reichsminister und deren Bevollmächtigte, die solche Verträge unterzeichneten, sollten nach § 92 Nr. 3 StGB wegen Landesverrats vor Gericht gestellt werden.[111] Der Reichstag verwarf, wie zu erwarten, diese Gesetzesvorlage. Es musste also ein Volksbegehren stattfinden. Da die nötige Zahl von Befürwortern des Gesetzes knapp zusammenkam, war ein Volksentscheid anzusetzen. Er scheiterte am 22. Dezember mit nur 5,8 Mill. Ja-Stimmen, das waren 13,8 Prozent der Wahlberechtigten.

---

111 Huber, Dokumente zur deutschen Verfassungsgeschichte, Bd. 4, S. 447 f.

Schluss

Für die Wählermobilisierung bei Volksbegehren und Volksentscheid gegen den Young-Plan gab der Reichsorganisationsleiter der NSDAP Gregor Straßer die Parole „Revolution gegen Young und Revolution gegen Versailles" aus. Sie spielte auch nach dem Volksentscheid für die Agitation der Partei eine große Rolle, das an die Redner ausgegebene Material war fast ausschließlich diesem Komplex gewidmet. Es gibt gute Gründe für die Annahme, dass die NSDAP ihren Aufstieg von der kleinen Partei am äußersten rechten Rand, die sie in den ersten Monaten des Jahres 1929 noch war, zur Massenbewegung von erheblichem Gewicht vor allem ihrer unermüdlichen Instrumentalisierung des Versailler Vertrags und insbesondere der Reparationsproblematik verdankte. Bei der Reichstagswahl im Mai 1928 erzielte sie nur 2,6 Prozent der Stimmen und bei den Landtagswahlen, die 1929 vor Bekanntwerden des Young-Gutachtens stattfanden, kam sie maximal auf 5 Prozent (in Sachsen). Dann aber ging es schnell aufwärts. Bei der Reichstagswahl am 14. September 1930 entschieden sich etwas mehr als 6,4 Mill. Wähler für sie, das waren 18,3 Prozent der gültigen Stimmen oder 14,9 Prozent der Wahlberechtigten. In einer vom Reichspropagandaleiter Goebbels verfassten und vom Abgeordneten Stöhr am 10. Februar 1931 im Reichstag verlesenen Erklärung wurde ausdrücklich gesagt, dass diese 6,5 Millionen Wähler der NSDAP ihre Stimme im Vertrauen gegeben hätten, dass die Fraktion im Reichstag „den aktiven Kampf eröffne gegen den Tributwahnsinn und die damit verbundene Verelendung des deutschen Volkes".[112] Und ein Mann ganz anderer politischer Haltung, der Schriftsteller und linksliberale Reichstagsabgeordnete Theodor Heuss, äußerte 1932 in seinem Buch über den Aufstieg Hitlers, Versailles sei „die eigentliche Kraftquelle, von der die NS-Bewegung seit ihrem Beginn genährt wird; es ist für den Aufstieg des Nationalsozialismus hundertfach wich-

---

112 Verhandlungen des Reichstags / Stenographische Berichte des Reichstags, Bd. 444, S. 873 B

tiger als das Parteiprogramm".[113] Nach dem 14. September 1930 stellte die NSDAP im Reichstag die zweitstärkste Fraktion und hatte gute Aussichten auf ein weiteres Wachstum.

Knapp zweieinhalb Jahre später wurde ihr Führer Adolf Hitler zum Reichskanzler ernannt. Das musste nicht zwangsläufig so kommen, aber die Entwicklung vom Sommer 1929 bis zum September 1930 legte den Grund dafür, dass es so kommen konnte.

Am Tage nach der Unterzeichnung des Versailler Vertrags, am 29. Juni 1919, hatte Edward House, der engste Berater Präsident Wilsons, in sein Tagebuch geschrieben, er stimme denen zu, „die da sagen, daß der Vertrag schlecht ist und niemals geschlossen werden durfte und daß seine Durchführung Europa in Schwierigkeiten ohne Ende stürzen wird".[114] Diese Befürchtung erfüllte sich voll und ganz, in einem Ausmaß, das House sich gewiss niemals vorgestellt hatte. Hätte er seine Einsicht in die Unzulänglichkeit des Friedensinstruments früher gewonnen und hätten auch andere einflussreiche Männer auf der Pariser Konferenz gesehen, dass ein Clemenceau-Friede nicht geschlossen werden durfte, so wäre Europa viel Unheil erspart geblieben.

Manuskriptschluss am 12.10.2010, zwölf Tage, nachdem die Bundesrepublik Deutschland die letzte Zahlung im Zusammenhang mit den dem Deutschen Reich im Versailler Vertrag auferlegten Verpflichtungen geleistet hatte.

---

113 Heuss, Theodor: Hitlers Weg: Eine historisch-politische Studie über den Nationalsozialismus. Stuttgart 1932, S. 24 f.

114 Seymour, Charles (Hg.): Die vertraulichen Dokumente des Obersten House. Zusammengestellt und mit einem verbindenden Text versehen von Charles Seymour. Stuttgart, Berlin, Leipzig 1932, S. 419 f.

Quellen

Auswärtiges Amt (Hg.): Die Friedensverhandlungen in Versailles. Berlin 1919

Berber, Fritz (Hg.): Das Diktat von Versailles. Entstehung – Inhalt – Zerfall. Eine Darstellung in Dokumenten. Essen 1939

Cahen, Fritz Max: Der Weg nach Versailles. Erinnerungen 1912–1919. Schicksalsepoche einer Generation. Boppard 1963

David, Eduard: Wer trägt die Schuld am Kriege? Rede, gehalten vor dem holländisch-skandinavischen Friedenskomitee in Stockholm am 6. Juni 1917. Berlin 1917

Deutsch-sowjetische Beziehungen von den Verhandlungen in Brest-Litowsk bis zum Abschluß des Rapallo-Vertrags, hg. vom Ministerium für Auswärtige Angelegenheiten der Sowjetunion, zusammengestellt von Wladimir M. Chwostow. Bd. 1: 1917–1918, Berlin (Ost) 1967; Bd. 2: 1919–1922, Berlin (Ost) 1971

Deutscher Geschichtskalender. Sachlich geordnete Zusammenstellung der wichtigsten Vorgänge im In- und Ausland. Begr. von Karl Wippermann, hg. von Friedrich Purlitz und Siegfried H. Steinberg, Leipzig: Jg. 34, Bd. II,1, Juli – Sept. 1918; Jg. 34, Bd. II,2, Okt. – Dez. 1918; Jg. 35, Bd. I,1, Jan. – Juni 1919

Erzberger, Matthias: Erlebnisse im Weltkrieg. Stuttgart, Berlin 1920

Fenske, Hans (Hg.): Unter Wilhelm II. 1890–1918. (Quellen zum politischen Denken der Deutschen im 19. und 20. Jahrhundert – Freiherr-vom-Stein-Gedächtnisausgabe, Bd. 7). Darmstadt 1982

Der Friede von Brest-Litowsk. Ein unveröffentlichter Band aus dem Werk des Untersuchungsausschusses der Deutschen Verfassungsgebenden Nationalversammlung und des Deutschen Reichstages, bearb. von Werner Hahlweg. (Quellen zur Geschichte des Parlamentarismus und der politischen Parteien. 1. Reihe: Von der konstitutionellen Monarchie zur parlamentarischen Republik, Bd. 8). Düsseldorf 1971

Die Gegenvorschläge der Deutschen Regierung zu den Friedensbedingungen. Vollständiger amtlicher Text. Berlin 1919

Geiss, Imanuel (Hg.): Juli 1914. Die europäische Krise und der Ausbruch des Ersten Weltkriegs. (dtv Dokumente, Nr. 2921) München ³1986

Gesetz über den Friedensschluß zwischen Deutschland und den alliierten und assoziierten Mächten vom 16. Juli 1919, in: Reichsgesetzblatt 1919, Nr. 140, S. 687–1349

Der Hauptausschuß des Deutschen Reichstags 1915–1918. Eingeleitet von Reinhard Schiffers. Bearb. von Reinhard Schiffers und Manfred Koch in Verbindung mit Hans Boldt. (Quellen zur Geschichte des Parlamentarismus und der politischen Parteien. 1. Reihe: Von der konstitutionellen Monarchie zur parlamentarischen Republik, Bd. 9), 4 Bde., Düsseldorf 1981–1983

Haussmann, Conrad: Schlaglichter. Reichstagsbriefe und Aufzeichnungen, hg. von Ulrich Zeller. Frankfurt a. M. 1924

Hohlfeld, Johannes (Hg.): Dokumente zur Deutschen Politik und Geschichte von 1848 bis zur Gegenwart. Ein Quellenwerk für die politische Bildung und staatsbürgerliche Erziehung. 8 Bde. + Kommentarband, Berlin 1951–1957: Bd. 2: Das Zeitalter Wilhelms II. 1890–1918. Berlin o. J., Bd. 3: Die Weimarer Republik 1919–1933. Berlin o. J.

Huber, Ernst Rudolf (Hg.): Dokumente zur deutschen Verfassungsgeschichte. 5 Bde., Stuttgart, Berlin, Köln ³1978–1997: Bd. 3: Deutsche Verfassungsdokumente 1900–1918. Stuttgart ³1990; Bd. 4: Deutsche Verfassungsdokumente 1919–1933. Stuttgart ³1991

Kriegspresseamt (Hg.): Die Kriegsziele der Entente. Dargestellt auf Grund der veröffentlichten russischen Geheimdokumente. Berlin 1918

Lansing, Robert: Die Versailler Friedensverhandlungen: Persönliche Erinnerungen. Berlin 1921

Max von Baden, Prinz: Erinnerungen und Dokumente. Neu hg. von Golo Mann und Andreas Burckhardt. Stuttgart 1968

Montgelas, Max / Schücking, Walter (Hg.): Die deutschen Dokumente zum Kriegsausbruch. Vollständige Sammlung der von Karl Kautsky zusammengestellten amtlichen Aktenstücke mit einigen Ergänzungen. Im Auftrage des Auswärtigen Amtes nach gemeinsamer Durchsicht mit Karl Kautsky. 4 Bde, Charlottenburg 1919

Neck, Rudolf (Hg.): Österreich im Jahre 1918. Berichte und Dokumente. München 1968

Nicolson, Harold, Friedensmacher 1919. Peacemaking 1919. Übersetzung von Hans Reisiger. Berlin 1933 (Orig.: Peacemaking 1919. London 1933)

Paléologue, Maurice: Am Zarenhof während des Weltkrieges. Tagebücher und Betrachtungen des französischen Botschafters in Petersburg. Übersetzung von Leontine Rottenberg in Braila. 2 Bde., München ^{3}1927

Reed, John: Zehn Tage, die die Welt erschütterten. Berlin ^{21}1988 (Orig.: Ten Days that Shook the World. New York 1919)

Reichsarchiv (Hg.): Der Weltkrieg 1914–1918. Die militärischen Operationen zu Lande. Kriegsrüstung und Kriegswirtschaft, Bd. 1: Die militärische, wirtschaftliche und finanzielle Rüstung Deutschlands von der Reichsgründung bis zum Ausbruch des Ersten Weltkrieges. Berlin 1930

Scheidemann, Philipp: Memoiren eines Sozialdemokraten. 1865–1927. 2 Bde., Dresden 1928

Schwabe, Klaus (Hg.): Quellen zum Friedensschluß von Versailles. (Ausgewählte Quellen zur deutschen Geschichte der Neuzeit; Freiheirr-vom-Stein-Gedächtnisausgabe, Bd. 30). Darmstadt 1997

Schulthess' Europäischer Geschichtskalender, Neue Folge [NF], hg. von Ulrich Thürauf, Bd. 57, 1917, Nördlingen 1918 Bd. 57, NF 32/II (1916), München 1921; Bd. 58, NF 33/I (1917), München 1920

Seymour, Charles: Die vertraulichen Dokumente des Obersten House. Zusammengestellt und mit einem verbindenden Text versehen von Charles Seymour. Stuttgart, Berlin, Leipzig 1932

Stieve, Friedrich (Hg.): Iswolski im Weltkriege. Der Diplomatische Schriftwechsel Iswolskis aus den Jahren 1914–1917. Neue Dokumente aus den Geheimakten der russischen Staatsarchive. Im Auftrage des Deutschen Auswärtigen Amtes: Die russischen Dokumente zur Vorgeschichte des Weltkrieges 1911–1917. 6 Bde., Berlin 1925

(Das) Werk des Untersuchungsausschusses ... der Verfassunggebenden Deutschen Nationalversammlung und des Deutschen Reichstages 1919–1926, 4. Reihe: Die Ursachen des Deutschen Zusammenbruchs im Jahre 1918: Verhandlungen, Gutachten, Urkunden, Bd. 2: Gutachten des Sachverständigen Oberst a. D. Bernhard Schwertfeger, Berlin 1925

Verhandlungen des Reichstags / Stenographische Berichte über die Verhandlungen des Norddeutschen Bundes, des Zollparlaments und des Reichstags (1867–1942). 527 Bde.: Bd. 306 (1915), Bd. 308 (1916)

Versailles 1919. Aus der Sicht von Zeitzeugen, München 2002

Wilson, Woodrow: Memoiren und Dokumente über den Vertrag von Versailles anno MCMXIX. Hg. von Ray S. Baker in autorisierter Übersetzung von Curt Thesing. 3 Bde., Leipzig 1923

Wippermann, Karl / Purlitz, Friedrich: Deutscher Geschichtskalender. Der Europäische Krieg in aktenmäßiger Darstellung. Ergänzungsband: Vom Waffenstillstand zum Frieden von Versailles. Oktober 1918 – Juni 1919. Leipzig o. J.

Literatur

Altrichter, Helmut: Rußland 1917. Ein Land auf der Suche nach sich selbst. Paderborn 1997; Rußland 1917. Das Jahr der Revolutionen. Zürich 1997

Baumgart, Winfried: Deutsche Ostpolitik 1918. Von Brest-Litowsk bis zum Ende des Ersten Weltkrieges. Wien, München 1966

Buchanan, Patrick J.: Churchill, Hitler und der unnötige Krieg. Wie Großbritannien sein Empire und der Westen die Welt verspielte. Selent 2009

Burgess, John William: Der europäische Krieg. Seine Ursachen, seine Ziele und seine voraussichtlichen Ergebnisse. Übersetzung von Max Iklé. Leipzig 1915 (Orig.: The European War 1914: Its Causes, Purposes and Propable Results. Chicago 1915)

Clark, Christopher: Wilhelm II. Die Herrschaft des letzten deutschen Kaisers. Übersetzung von Norbert Juraschitz. München 2008 (Orig.: Kaiser Wilhelm II. Harlow 2000)

Conze, Werner: Polnische Nation und deutsche Politik im Ersten Weltkrieg. Köln 1958

Ebray, Alcide: Der unsaubere Frieden (Versailles). Übersetzung von Thea Nowak. Berlin 1925 (Orig.: La Paix Malpropre – (Versailles) Pour la Réconciliation par la Vérité. Milano 1924)

Fenske, Hans: „Die Stunde der Abrechnung ist da." Der Versailler Vertrag, in: Jahrbuch der Hambach-Gesellschaft 2010, S. 175–188

Fenske, Hans: Abhandlungen und Vorträge zur deutschen Geschichte 1914–1945, in: Jahrbuch der Hambach-Gesellschaft, Sonderband: Anlässlich des 75. Geburtstages von Hans Fenske, Neustadt/Weinstraße 2011

Ferguson, Niall: Der falsche Krieg. Der Erste Weltkrieg und das 20. Jahrhundert. Übersetzung von Klaus Kochmann. München 2001 (Orig.: The Pity of War: Explaining World War I. London 1998)

Fischer, Fritz: Griff nach der Weltmacht. Die Kriegszielpolitik des kaiserlichen Deutschland 1914/18. Düsseldorf 1961, [3]1964; Nachdruck der Sonderausgabe von 1967: Düsseldorf 2009

Gunzenhäuser, Max: Die Pariser Friedenskonferenz 1919 und die Friedensverträge 1919–20: Literaturbericht und Bibliographie. (Schriften der Bibliothek für Zeitgeschichte, Bd. 9) Frankfurt a. M. 1970

Hayashima, Akira: Die Illusion des Sonderfriedens. Deutsche Verständigungspolitik mit Japan im ersten Weltkrieg. (Studien zur Geschichte des Neunzehnten Jahrhunderts, Bd. 11). München 1982

Heuss, Theodor: Hitlers Weg: Eine historisch-politische Studie über den Nationalsozialismus. Stuttgart 1932

Hölzle, Erwin: Die Selbstentmachtung Europas. Das Experiment des Friedens vor und im Ersten Weltkrieg. Unter Verwertung unveröffentlichter, zum Teil verlorengegangener deutscher und französischer Dokumente (Bd. 1). Göttingen 1975; Bd. 2: Vom Kontinentalkrieg zum weltweiten Krieg: Das Jahr 1917. Fragment. Göttingen 1978

Howard, Michael: Kurze Geschichte des Ersten Weltkriegs. München 2002, ^{2}2007 (Orig.: The First World War. Oxford 2002)

Keynes, John Maynard: Die wirtschaftlichen Folgen des Friedensvertrages. Übersetzung von Moritz Julius Bonn und Carl Brinkmann. München 1920 (Orig.: The Economic Consequences of the Peace. London 1919)

Kielmansegg, Peter Graf: Deutschland und der Erste Weltkrieg. Frankfurt a. M. 1968; Stuttgart ^{2}1980

Kolb, Eberhard: Der Frieden von Versailles. München 2005; ^{2}2011

Krumeich, Gerd (Hg.): Versailles 1919. Ziele – Wirkung – Wahrnehmung. (Schriften der Bibliothek für Zeitgeschichte. Neue Folge, Bd. 14) Essen 2001

Lentin, Antony: Die Drachensaat von Versailles. Die Schuld der „Friedensmacher". Übersetzung von Wilfried von Oven. Leoni am Starnberger See o. J. (Orig.: Guilt at Versailles: Lloyd George and the Prehistory of Appeasement. London 1985)

Michalka, Wolfgang (Hg.): Der Erste Weltkrieg. Wirkung, Wahrnehmung, Analyse. Im Auftrag des Militärgeschichtlichen Forschungsamts. München, Zürich 1994

Neutrale Komitees und Gelehrte über die Kriegsschuld. Antworten auf zwei Fragen des Senators Robert L. Owen, USA. Hg. von le Comité

Neutre de Norvège pour l'Investigation de la Responsabilité de la Guerre. Deutsche Ausgabe, Oslo 1927

Pistohlkors, Gert von: Die historischen Voraussetzungen für die Entstehung der drei baltischen Staaten, in: Meissner, Boris (Hg.): Die baltischen Nationen. Estland, Lettland, Litauen. (Nationalitäten- und Regionalprobleme in Osteuropa, Bd. 4). Köln 1990, S. 11–49

Rauchensteiner, Manfried: Der Tod des Doppeladlers. Österreich-Ungarn und der Erste Weltkrieg. Graz 1993

Recktenwald, Friederike: Kriegsziele und öffentliche Meinung Englands 1914/16. (Beiträge zur Geschichte der nachbismarckischen Zeit und des Weltkriegs). Stuttgart 1929

Ribhegge, Wilhelm: Frieden für Europa. Die Politik der deutschen Reichstagsmehrheit 1917–18. Essen 1988

Ritter, Gerhard: Staatskunst und Kriegshandwerk. Das Problem des Militarismus in Deutschland. Bd. III. Die Tragödie der Staatskunst. Bethmann Hollweg als Kriegskanzler. (1914–1917), Bd. IV: Die Herrschaft des deutschen Militarismus und die Katastrophe von 1918, München 1964 und 1968

Rößler, Hellmuth (Hg.): Ideologie und Machtpolitik 1919. Plan und Werk der Pariser Friedenskonferenz 1919. Göttingen 1966

Rothwell, Victor H.: British War Aims and Peace Diplomacy 1914–1918. Oxford 1971

Sauerbeck, Ernst: Der Kriegsausbruch. Eine Darstellung von neutraler Seite an Hand des Aktenmaterials. Stuttgart, Berlin 1919

Schmidt, Stefan: Frankreichs Außenpolitik in der Julikrise 1914. Ein Beitrag zur Geschichte des Ausbruchs des Ersten Weltkriegs. (Pariser Historische Studien, Bd. 90). München 2009

Schramm, Martin: Das Deutschlandbild in der britischen Presse 1912–1919. Berlin 2007

Schwabe, Klaus: Deutsche Revolution und Wilson-Frieden. Die amerikanische und deutsche Friedensstrategie zwischen Ideologie und Machtpolitik 1918/19. Düsseldorf 1971

Spraul, Gunter: Der Fischer-Komplex. Halle 2011

Steglich, Wolfgang, Bündnissicherung oder Verständigungsfriede. Untersuchungen zu dem Friedensangebot der Mittelmächte am

12. Dezember 1916. (Göttinger Bausteine zur Geschichtswissenschaft, Bd. 28). Göttingen 1958; [2]2001

Steglich, Wolfgang: Die Friedenspolitik der Mittelmächte 1917/18. 2 Bde., Wiesbaden 1964

Stevenson, David: French War Aims against Germany 1914–1919. Oxford 1982

Tansill, Charles Callan: Amerika geht in den Krieg. Der Erste Weltkrieg als Türöffner nach Europa. Selent 2001 (Orig.: America Goes to War. New York 1938)

Tuchman, Barbara W.: The Zimmermann Telegram. London 1958; New York 1985

Volkmann. Hans Erich: Die deutsche Baltikumspolitik zwischen Brest-Litowsk und Compiègne. Ein Beitrag zur „Kriegszieldiskussion". Köln 1970

Wegerer, Alfred von: Der Ausbruch des Weltkrieges 1914. 2 Bde, Hamburg 1939

Wollstein, Günter: Theobald von Bethmann Hollweg. Letzter Erbe Bismarcks, erstes Opfer der Dolchstoßlegende. (Persönlichkeit und Geschichte, Bd. 147). Göttingen 1995

Wüstenbecker, Katja: Deutsch-Amerikaner im Ersten Weltkrieg. US-Politik und nationale Identitäten im Mittleren Westen. Stuttgart 2007

Zechlin, Egmont: Friedensbestrebungen und Revolutionierungsversuche: Deutsche Bemühungen zur Ausschaltung Rußlands im Ersten Weltkriege. Teil 4: Bethmann Hollwegs Kriegszielpolitik, in: Aus Politik und Zeitgeschichte. Beilage zur Wochenzeitung „Das Parlament", B 20/1963, 15.05.1963, S. 3–54

Zechlin, Egmont: Krieg und Kriegsrisiko. Zur deutschen Politik im Ersten Weltkrieg. Aufsätze. Düsseldorf 1979

Zimmermann, Ludwig: Frankreichs Ruhrpolitik von Versailles bis zum Dawesplan, hg. von Walther Peter Fuchs. Göttingen 1971

Personenverzeichnis

Bismarck, Otto von (1815–1898), 1862–1890 preußischer Ministerpräsident, 1867–1870 Kanzler des Norddeutschen Bundes, 1871–1890 Reichskanzler – 9, 32

Brockdorff-Rantzau, Ulrich Graf (1869–1928), Diplomat, 1919 Reichsaußenminister – 95–97, 99, 105

Buchanan, Patrick J., amerikanischer Publizist und Politiker – 7

Bucharin, Nikolai (1888–1938), russischer Nationalökonom, führender Bolschewist – 59

Burgess, John William (1844–1931), Historiker, Begründer der Politikwissenschaft in den USA – 26

Burián von Rajecz, Stephan Graf (1851–1922), Diplomat, österreich-ungarischer Außenminister 1915/16 – 41

Cahén, Fritz Max (1891–1966), Journalist, Pressereferent des Grafen Brockdorff-Rantzau – 59

Cambon, Pierre Paul (1843–1924), französischer Diplomat, 1898–1920 französischer Botschafter in London – 82–84

Cartwright, Sir Fairfax, britischer Diplomat, 1908–1913 Botschafter in Wien – 17

Churchill, Sir Winston L. (1874–1965), britischer Offizier, Politiker und Schriftsteller, zunächst bei der konservativen Partei, von 1905–1924 Liberaler, dann wieder Konservativer, 1911–1915 Erster Lord der Admiralität, 1924–1929 Schatzkanzler, 1940–1945 und 1951–1955 Premierminister – 7

Clemenceau, Georges (1841–1929), französischer Politiker auf der bürgerlichen Linken, mehrfach Minister, 1906–1909 und 1917–1920 Ministerpräsident – 31, 83–85, 89 f., 93–96, 104–106, 111, 119

Czernin von und zu Chudenitz, Ottokar Graf (1872–1932), österreich-ungarischer Außenminister 1916–1918 – 50, 55–57, 60, 63

David, Eduard (1863–1930), sozialdemokratischer Politiker, 1903–1918 und 1920–1930 MdR, 1919/20 Mitglied der Nationalversammlung, 1919 zunächst Reichsminister des Äußeren, dann des Inneren – 50

Delcassé, Théophile (1852–1923), französischer Politiker, Außenminister von 1898–1905 und 1914/15 – 9, 32, 119 f.

Dimitrijewić, Dragutin [Apis] (1876–1917), serbischer Offizier, an der Ermordung des Königs Alexander 1903 führend beteiligt, 1911 Gründer des Geheimbundes „Schwarze Hand", 1914 Organisator der Ermordung des österreich-ungarischen Thronfolgers Franz Ferdinand, 1917 des Mordanschlags auf Prinzregent Alexander beschuldigt und hingerichtet – 16, 18

Drolsum, Axel C., Bibliothekar in Oslo – 15

Ebert, Friedrich (1871–1925), sozialdemokratischer Politiker, 1912–1918, MdR, 1919 Mitglied der Nationalversammlung, 1919–1925 Reichspräsident – 77 f., 107

Ebray, Alcide, französischer Journalist, zeitweilig Diplomat (Generalkonsul und Gesandter) – 120

Erzberger, Matthias (1875–1921), Zentrumspolitiker, 1903–1918 und 1920/21, MdR, 1919/20 Reichsfinanzminister – 50, 75, 78

Ferguson, Niall (geb. 1964), englischer Historiker – 26

Fischer, Fritz (1908–1999), Theologe und Historiker, ab 1948 Professor in Hamburg* – 39

---

* Das Buch von Fritz Fischer ‚Griff nach der Weltmacht' stammt weitgehend von seinem damaligen Assistenten Imanuel Geiss, wie dieser später anderen Historikern versicherte. Er sagte dabei, er gewichte nun (1996) die Verantwortung Russlands für den Kriegsausbruch 1914 viel höher als damals. Mitteilung von Klaus Schwabe (Aachen) und Hermann Hiery (Bayreuth) im März und Mai 2012 an den Verfasser.

Foch, Ferdinand (1851–1929), französischer Offizier, im Ersten Weltkrieg militärischer Berater Clemenceaus, Ende November 1917 Mitglied des Obersten Kriegsrates, 1918 Marschall und Oberbefehlshaber der alliierten Truppen – 72, 76, 78, 83 f., 95

Franz Ferdinand, Erzherzog von Österreich-Este (1863–1914), Neffe des Kaisers Franz Joseph I., seit 1896 Thronfolger der Donaumonarchie, am 28.6.1914 von der serbischen Geheimorganisation „Schwarze Hand" in Sarajewo ermordet – 18

Goebbels, Joseph (1897–1945), Reichspropagandaleiter der NSDAP, 1928–1945 MdR, 1933–1945 Reichsminister für Volksaufklärung und Propaganda – 125

Grey, Sir Edward, Viscount of Fallodon (1862–1933), liberaler britischer Politiker, 1905–1916 Außenminister – 21, 25–27, 29

Groener, Wilhelm (1867–1939), Offizier, Chef des Kriegsamts 1916/17, 1918 Generalquartiermeister in der Obersten Heeresleitung, 1920/23 Reichsverkehrsminister, 1928–1932 Reichswehr- und seit 1931 auch Innenminister – 75, 105, 113

Helfferich, Karl Theodor (1872–1924), Nationalökonom, 1908 Mitglied des Direktoriums der Deutschen Bank, 1915/16 Staatssekretär des Reichsschatzamts, 1916/17 Staatssekretär des Reichsamts des Innern und Vizekanzler, im Sommer 1918 diplomatischer Vertreter des Reiches in Russland, 1920–1924 MdR, Deutschnationale Volkspartei (DNVP) – 65

Hertling, Georg Frhr. v. (1843–1919), Philosophieprofessor, Zentrumspolitiker, 1875–1890 und 1896–1912 MdR, 1912–1917 bayerischer Ministerpräsident, 1917/18 Reichskanzler und preußischer Ministerpräsident – 55, 62, 66, 70

Heuss, Theodor (1884–1963), linksliberaler Politiker und Publizist, 1924–1928 und 1930-1933 MdR, 1949–1959 Präsident der Bundesrepublik Deutschland – 125

Hindenburg, Paul von Beneckendorff und von (1847–1934), Offizier, 1916–1919 Chef der Obersten Heeresleitung, 1925–1934 Reichspräsident – 70

Hitler, Adolf (1889–1945), seit 1921 Vorsitzender der NSDAP mit unbeschränkter Vollmacht, Reichskanzler 1933, seit 1934 Führer und Reichskanzler, also zugleich Staatsoberhaupt – 9, 125 f.

House, Edward Mandell (1856–1938), genannt Colonel House, demokratischer amerikanischer Politiker, enger Berater Präsident Wilsons – 41, 46, 72, 83, 90, 126

Hughes, William Morris (1864–1952), australischer Politiker (Labour, ab 1916 Nationalpartei), 1915–1921 Premierminister – 85

Iswolski, Alexander Petrowitsch (1856–1919), russischer Diplomat, 1906–1911 Außenminister, dann Botschafter in Paris – 9, 32

Joffe, Adolf Abramowitsch (1883–1927), sowjetischer Diplomat – 56 f.

Judet, Ernest, französischer Journalist – 27

Karl I., Kaiser von Österreich (1887–1922), Kaiser von 1916–1918 – 50, 73 f.

Karl I., König von Rumänien (1839–1914), 1866–1881 Fürst von Rumänien, seit 1881 König – 24

Kemal Pascha, Mustafa (1880–1938), türkischer Offizier, Begründer der modernen Türkei, ab 1934 Atatürk genannt, Vater der Türken – 117

Kerenski, Alexander (1881–1970), Jurist, sozialistischer russischer Politiker, 1917 Kriegsminister, danach Ministerpräsident, seit 1918 im Exil – 53

Kerr, Philip Henry [Lord Lothian] (1882–1940), britischer Diplomat, 1916–1921 Privatsekretär von Lloyd George – 12 f.

Keynes, John Maynard (1886–1946), britischer Nationalökonom und Ministerialbeamter, 1915–1919 im Schatzamt, Mitglied der Delegation bei der Friedenskonferenz 1919 – 119

Konstantin I., König von Griechenland (1868–1923), König von 1913–1917 und 1920–1922 – 36

Kühlmann, Richard v. (1873–1948), Angehöriger des Auswärtigen Amtes, 1917/18 dessen Staatssekretär – 55, 57, 60–63

Kun, Béla (1886–um 1940), ungarischer Kommunist, Volkskommissar des Auswärtigen während der ungarischen Räterepublik – 91

Landsberg, Otto (1869–1957), sozialdemokratischer Politiker, 1912–1918 und 1924–1933 MdR, 1919 Reichsjustizminister – 99

Lansing, Robert (1864–1928), amerikanischer Politiker, Demokratische Partei, 1915–1920 Außenminister – 9, 45 f., 72, 75, 103, 111

Lenin (eigentlich Uljanow), Wladimir Iljitsch (1870–1924), führender Bolschewist, ab 1917 als Vorsitzender des Rates der Volkskommissare Diktator Russlands und der Union der Sozialistischen Sowjetrepubliken – 53 f., 59, 62

Lloyd George, David (1863–1945), britischer liberaler Politiker, 1916–1922 Premierminister – 10, 28 f., 51, 81, 83, 85, 87 f., 90–94, 103 f., 121 f.

Lwow, Georgij Fürst (1861–1925), Jurist, 1917 russischer Ministerpräsident – 49, 53

Marx, Wilhelm (1863–1946), Zentrumspolitiker, 1910–1918 und 1920–1932 MdR, 1923/24 und 1926–1928 Reichskanzler – 12

Max von Baden, Prinz (1867–1929), seit 1907 badischer Thronfolger, von Anfang Oktober bis Anfang November 1918 Reichskanzler – 69 f., 72 f., 77, 111

Michaelis, Georg (1857–1936), Jurist, Verwaltungsbeamter, 1917 für einige Monate Reichskanzler – 51

Müller, Hermann (1876–1931), sozialdemokratischer Politiker, 1916–1918, 1920–1931 MdR, 1919 Reichsaußenminister, 1920 und 1928–1930 Reichskanzler – 105 f.

Nicolson, Arthur (1849–1928), seit 1916 Lord Carnach, britischer Diplomat, 1906–1910 Botschafter in St. Petersburg, 1910–1916 Unterstaatssekretär im Foreign Office – 17

Nicolson, Harold (1886–1968), von 1909 bis 1929 im britischen diplomatischen Dienst, Mitglied der Delegation bei der Friedenskonferenz 1919, Schriftsteller – 103, 106

Nikolai Nikolajewitsch, Großfürst (1856–1929), 1914/15 Oberbefehlshaber des russischen Heeres – 19 f.

Nikolaus II. (1868–1918), 1894–1917 Zar von Russland – 20, 22

Obrenowitsch, Michael [Mihailo Obrenović] Fürst von Serbien (1823–1868), Fürst von 1839 bis 1842 und von 1860 bis 1868 – 19

Orlando, Vittorio (1860-1952), liberaler italienischer Politiker, wiederholt Minister, 1917–1919 Ministerpräsident – 83

Owen, Robert L., Mitglied des amerikanischen Senats – 14

Paléologue, Maurice (1859–1944), französischer Diplomat und Schriftsteller, 1914–1917 Botschafter in St. Petersburg – 19 f.

Pašić, Nikola (1846–1926), serbischer Politiker, Gründer der Radikalen Partei, 1904–1914 Ministerpräsident, 1921–1926 Ministerpräsident Jugoslawiens – 17 f.

Payer, Friedrich v. (1847–1931), linksliberaler Politiker, 1877/78, 1880–1887, 1890–1917 MdR, 1919/20 Mitglied der Nationalversammlung, 1917/18 Vizekanzler – 65 f.

Wilhelm II. (1859–1941), 1888–1918 König von Preußen und deutscher Kaiser – 22, 52, 66 f., 75, 77, 81, 85, 108, 110

Wilhelm, Herzog von Urach, im Juli 1918 zum litauischen König gewählt – 66

Wilson, Thomas Woodrow (1856–1924), Professor der Geschichte und der Politischen Wissenschaft, 1913–1921 Präsident der USA – 9, 41–43, 45–47, 52, 70–72, 75, 81, 85, 88–90, 94 f., 103, 111, 120

Young, Owen D. (1874–1962), amerikanischer Wirtschaftsführer, 1929 Präsident der internationalen Sachverständigenkommission zur Regelung der Reparationsfrage – 123

Zimmermann, Arthur (1864–1940), Angehöriger des Auswärtigen Amtes, Jurist, 1911–1916 Unterstaatssekretär, 1916/17 Staatssekretär des Auswärtigen Amtes – 45